伟 大 的 思 想
GREAT IDEAS

13

关于暴力
CONCERNING VIOLENCE

〔法〕弗朗兹·法农　著
张香筠　译

商务印书馆
The Commercial Press

CONCERNING VIOLENCE

by Frantz Fanon

Selection copyright © Penguin Books Ltd

Cover artwork © Joe McLaren & David Pearson

Simplified Chinese edition copyright © 2023 by The Commercial Press in association with Penguin Random House North Asia.

All rights reserved.

"企鹅"及相关标识是企鹅兰登已经注册或尚未注册的商标。未经允许，不得擅用。

封底凡无企鹅防伪标识者均属未经授权之非法版本。

涵芬楼文化　出品

↠ 译者序

借助暴力，殖民世界得以组建，暴力也伴随了土著社会结构的毁灭，暴力消除了原有的经济模式、行为和衣着方式，就在被殖民大众决定要创造历史冲进禁止他们入内的城市的时候，他们也会诉诸暴力，使用暴力。

生于法国最早的殖民地之一马提尼克岛，葬于法国最大、离本土最近的殖民地阿尔及利亚，法农的名字早已享誉天下，成为反殖民斗争和反种族歧视的一面旗帜。然而，要想真正了解法农短暂的一生，理解他的思想，只有近距离地阅读他的作品才能实现。

弗朗兹·法农1925年7月出生于加勒比海的马提尼克岛首府法兰西堡。1944年，不满19岁的法农不顾家人的阻拦，加入反法西斯抵抗运动，经北非进入法国，在阿尔萨斯前线战斗中负伤，后获得奖章。1946年他获得国家资助前往里昂学医，同时自己研习哲学，经常去听梅洛-庞蒂的哲学课，是《现代》(*Les Temps modernes*)、《精神》(*Esprit*)等哲学思想杂志的忠实读者，深受存在主义及现象学思潮的影响。法农也是文学青年，热爱诗歌戏剧，阅读了大量当时的文学作品，在1949年至1950年还写过两个剧本。1951年他通过毕业论文答辩，成为精神病科医生。1953年法农被任命为法属殖民地阿尔及利亚的布里达精神病院主治医生。在行医的过程中，他对殖民制度之于人的精神伤害得以深入了解，逐渐开始关注殖民地的政治斗争。1954年阿尔及利亚独立战争爆发后，法农因积极支持阿尔及利亚民族解放阵线（FLN）、反对法国的殖民立场，于1956年被驱逐出法属阿尔及利亚。他前往突尼斯继续参与非洲反殖民主义解放运动，并成为阿尔及利亚自治政府成员。1961年12月法农死于白血病，年仅36岁。

法农的第一部著作是《黑皮肤，白面具》(*Peau noire, masques blancs*)，1952年由瑟伊出版社出版，哲学家弗朗西斯·让松为这本书写了序言。书中从心理学、精神病学和哲学视角对种族歧视现象及黑人的感受进行了细致的描写和分析。他的最后一部著作，《全世界受苦的人》(*Les Damnés de la Terre*)由萨特作序，在他去世前的1961年11月由马斯佩罗出版社出版。此书在法国以"危害国家安全"的罪名被警方查禁，但在非洲国家广泛发行，很快便成为第三世界反殖民主义斗争的理论经典。英译本1963年问世后，此书也成为60、70年代美国黑人民权运动中的必读书。

《关于暴力》最早发表在1961年5月的《现代》杂志上，后略经修改收录入《全世界受苦的人》一书中，成为该书的第一章。这一年，法农的白血病已经确诊，治疗收效甚微，他深知自己的时间不多了，开始了一场与时间的赛跑。1961年夏，整书完稿后，法农托人请萨特为其作序。萨特由波伏瓦和克洛德·朗兹曼陪同，7月底在罗马与法农见面，经过三天三夜的交谈之后，萨特欣然命笔，于9月交稿。萨特的序言加强了此书的知名度，扩展了读者范围，但是从一定程度上也促成了某种误读。"序言"中的一句话被广为传播："（被殖民者）杀掉一个欧洲人可谓一石二鸟，同时消灭了一个压迫者，一个被压迫者，剩下一个死人，一个自由人。"多年来法农因此被看作是一个歌颂暴力的作者，受到阿伦特等思想家的批判。但是，法农本人究竟说了什么？

写作本文的历史背景主要是极为惨烈的阿尔及利亚独立战争。这片土地自从1830年被法国占领之后，由于离法国本土很近，一直实行鼓励法国人口迁移的政策，到第二次世界大战前，在阿尔及利亚居住的欧洲人口（以法国人为主，包括少量西班牙人和意大利人）已达到将近一百万，阿尔及尔被称作"法国第二大城市"。法农在精神病院工作期间，认真研究了他所接触到的精神病人的多种病态表现，他得出结论：这块土地的制度是建立在掠夺和杀戮基础上的，本地人在自己的家乡被剥夺了人的资格，完全被异化，在这种情况下医治个体病态或解除个体异化的尝试都是异想天开。

文章的内容并不专指阿尔及利亚，而是面向全世界的反殖民斗争。法农首先对殖民地社会的组织形式进行了描述:"殖民地社会是一分为二的社会。分界线、边界,就是军营和警察局。在殖民地,被殖民者的主要官方对话者,也就是殖民者和压迫体制的代言人,是宪兵或军警。"他指出,殖民社会就是以暴力为本的:"宪兵和军警随时在场,……维持着与被殖民者的联系,……使用的语言是纯粹的暴力……把暴力带到被殖民者的家里、头脑里。"他强调殖民世界是二元对立的世界,土著人的文化被全面否定,被殖民者被当作邪恶的象征,甚至被动物化:"在现实中,殖民者谈到被殖民者的时候,他使用的语言是动物学语言。他会说黄种人的爬行,说土著人区域的蜂拥,说群居,说气味,说繁殖,说躁动,说蠢蠢欲动。"所以殖民者一定要把被殖民者隔开,把他们"捆扎住":"土著人学到的第一件事,就是待在自己的地方,不能越界。因此土著人的梦是肌肉运动的梦,有动作的梦、有攻击性的梦。我梦见自己在跳跃,在游泳,在奔跑,在攀登。我梦见自己放声大笑,一步就跳到了河对岸,身后有无数车辆在追赶我,但是怎么也追不上。殖民地时期,被殖民者总是在晚上9点到早上6点之间解放自己。"

他观察到,在这个世界里,被殖民者"总是胆战心惊的,因为他弄不懂殖民世界的各种符号标志,他从来不清楚自己是不是越界了。在殖民主义者安排的世界中,被殖民者永远是可能的罪犯"。然而,作为精神病科医生,法农清醒地意识到,被殖民者的确"被统治,但是没被驯化。他被看作是低等的,但他不相信自己低等。他在耐心等待殖民者放松警惕后就扑上去。被殖民者的肌肉一直在等待。我们不能说他担心或者惧怕。其实,他随时准备放弃自己猎物的角色而充当猎人的角色。被殖民者是一个随时梦想做迫害者的被迫害者"。如果说"殖民者的出现一开始就意味着土著社会的死亡、文化的萎缩,以及个人思维的瘫痪。对于被殖民者,生命只可能从殖民者腐烂的尸体中出现"。同时法农也看到,"在个人层面,暴力是可以解毒的。被殖民者可以通过暴力消除自己的自卑情结,消除自己的消极绝望态度。暴力使他变得坚毅,使他自己恢复信心"。

这篇关于暴力的文章没有歌颂暴力,也没有号召人们走向暴力,而是以观察者、思考者的角度对各个层面的暴力予以全面解析。法农是一个医生,他的目光显然不是政治家的目光,他看到的是真实的人,是人的动作、人的表情,他知道反殖民斗争的胜利并非终点,他渴望的最终是人的解放。世界民族独立运动大潮落下已经半个多世纪了,如果说法农作品的政治背景已经远去,类似的制度对人的压制与异化却没有消失,暴力的问题不仅没有过时,甚至成为当今社会最为棘手的难题。读法农的文字,理解他的分析,一定会对今天的思想者带来启发。

张香筠

目 录

关于暴力　　　　　　　　　　1
结　论　　　　　　　　　　　79

➤➤ 关于暴力

无论是民族解放、民族复兴、国家回归人民，还是共和联邦，这些归类与名称尽管不同，但非殖民化的过程总是一个暴力现象。无论从以下哪个层面来观察：个体间的交往、体育团体的新名称、鸡尾酒会的参加者、警察的来源、国有银行或私营银行的董事会成员等，非殖民化都仅仅意味着一"类"人取代了另一"类"人。没有过渡，是完全的、彻底的、绝对的取代。当然了，我们也可以说出现了一个新的民族，建立了一个新的国家，还有新的外交关系、政治经济制度等。不过，本文选择的主题是这种对旧世界的扫荡，这就是最开始对非殖民化的定义。这个问题的重要性非同寻常，因为这是被殖民者从第一天起就强调的最基本诉求。也可以说，胜利就取决于整个社会翻天覆地的变化。这一变化是大家想要的、追求的、强烈争取的。在被殖民的男人和女人的意识和生活中，这一变化的必然性处于某种天然的、粗暴的和紧急的状态。而在另一"类"男人和女人，即殖民者的意识中，这一变化的可能性被看作是某种令人恐怖的未来。

非殖民化就是要改变世界的秩序，我们可以看到，这是一种绝对的无序规划。可是，非殖民化不可能是一种魔力操作的结果，不可能是自然震动的结果，或是友好协商的结果。我们知道，非殖民化是一个历史进程，就是说，要想理解它、懂得它的意义、展现出它的价值，就必须准确地了解什么样的历史语境决定了它的形式与内容。非殖民化是两种生来就对立的力量的相遇，而这两种力量就是殖民境况培育出来的。两种力量的第一次交锋就是暴力的，它们的共处，确切地说，殖民者对被殖民者的剥削，也是由棍棒和枪炮来保证的。殖民者与被殖民者相识已久。因此，殖民者说他了解"他们"并没有错。正是殖民者造就了被殖民者，而且还在继续造就。殖民者的真理，也就是说他的财产，是殖民制度给予的。

非殖民化不可能不留痕迹，因为它作用于人的存在，它从根本上改变存在，它把被倾轧的无本质的看客转变为举足轻重的表演者，在历史的舞台上更显悲壮。它给存在带来一种特殊的节奏，由新人、新语言、全新的人类来承载。非殖民化是真正地创造新人。但是这些新人不需要任何超自然的强力来认可，被殖民的"物"在解放自己的进程中变成了人。

非殖民化的过程要求对殖民状况进行彻底质疑。如果我们想确切地描述它，可以用这一句古话："在后的将是在先的，而在先的成为最后。"非殖民化可以检验这句话。因此，从描述的角度来说，一切非殖民化都是胜利。

非殖民化展示出裸露的身体，似乎每一个毛孔里都隐藏着红色的弹丸、血淋淋的刺刀。因为如果在后的将是在先的，那必将经过战斗双方一场惨烈的决战。最后的要想进入前列、攀登那些社会规定的台阶，必须把一切手段都拿出来，其中必然包括，暴力。

如果没有从一开始就采取决定，就是说，如果没有从开始规划的时候，就决定摧毁路上遇到的任何障碍，那么这个运动不会打乱社会的组织，哪怕是极原始的社会。被殖民者立志要实现这个规划，立志为之努力，就要时刻准备着面对暴力。从他出生的那一天，他就明白，这个逼仄的世界，充满禁忌的世界，不用绝对的暴力就不可能质疑它。

殖民地的世界是分隔成段的世界。我们也许不需要再解释，一边是土著人的城市，一边是欧洲人的城市，一边是土著人的学校，一边是欧洲人的学校，也用不着再描述南非的种族隔离社会。然而，当我们进入那些分隔区域的内部，我们至少可以明确地指出其中的一些特殊之处。这样研究殖民地世界及其设置和地理布局可以使我们确定一些基础，以便有利于下一步重新组织非殖民化的社会。

殖民地社会是一分为二的社会。分界线、边界，就是军营和警察局。在殖民地，被殖民者的主要官方对话者，也就是殖民者和压迫体制的代言人，是宪兵或军警。在一般资本主义社会，通过教育，无论是教会的教育或世俗教育，通过一代一代传承的道德标准，对五十年工龄的老工人勤恳工作的奖励，通过对和谐明智的情爱的鼓励，所有这些维护现存秩序的审美形式都在被剥削者的周围形成了某种服从和默认的环境，这就大大减轻了国家机器维持秩序的任务。在资本主义国家，被剥削者与权力机构之间有着相当数量的道德宗师、顾问和"指引方向者"。但是在殖民地地区，宪兵和军警随时在场，直接干预，他们维持着与被殖民者的联系，用警棍和汽油弹来告诫后者不要动。我们看到，政权的中间人使用的语言是纯粹的暴力。这个中间人不会减轻压迫，也不会掩盖统治，而是以维序机关的严厉来展示这些，来明显地把压迫和统治表现出来。他把暴力带到被殖民者的家里、头脑里。

被殖民者居住的区域与殖民者的区域没有任何互补的关系。两个区域是对立的，但绝不会达到统一。两者的关系遵循的是亚里士多德逻辑，也就是互相排斥的：完全没有和解的可能性，有我无他。殖民者的城市是硬的，是由石块和钢铁造的。这个城市有灯，柏油路面，垃圾桶里总是装满了剩余的东西，奇异的、连梦里都没见过的东西。这里从来看不到殖民者的脚，除非是在海里游泳，但因为从来没有走近过，所以也看不到。他们的脚被结实的皮鞋保护着，可他们的街道非常平滑干净，没有坑，没有石子儿。殖民者的城市是吃饱喝足懒洋洋的城市，肚子里随时装满了好东西。殖民者的城市是一个白人的城市，外国人的城市。

被殖民者的城市，或者说土著人的城市，黑人村庄，梅迪纳，原住民地区，是个糟糕的地方，聚集着卑贱的人。那里的人随处出生，不知怎么就出生了。那里的人随处死亡，不知怎么就死了。那个世界是没有距离的，人们挤在一起，他们的棚子都挤在一起。被殖民者的城市是一个饥饿的城市，没有面包，没有肉，没有鞋子，没有煤，没有灯。被殖民者的城市是蜷缩的、下跪的、倒下的，是黑人的城市，是阿拉伯人的城市。被殖民者投向殖民者城市的目光充满了艳羡，充满了占有欲。占有的梦。一切占有的方式：坐到殖民者的餐桌上，睡到殖民者的床上，可能的话与殖民者的妻子睡。被殖民者总是在羡慕。殖民者也知道，看到后者贪婪的目光，他谨慎地说："他们想占我们的位子。"这是真的，没有一个被殖民者不至少每天梦想一次住到殖民者的房子里去。

这个分割开的世界，分成两半的世界，住着不同种类的人。殖民地环境的特殊之处就是，经济条件、贫富分化、生活方式的决然不同从来不会掩盖人的现实。你一旦发现这是殖民地，就会立刻看出来，分割世界的首要因素是看属于哪个人种。在殖民地，经济基础也是上层建筑。原因也是结果：因为是白人，所以富有；因为富有，所以是白人。这就是为什么用马克思主义的分析方法来看殖民地问题总是有所偏差。就连马克思深入研究过的前资本主义社会的概念都需要重新思考。农奴与骑士的不同是本质上的，但还需要用上帝的法令来解释这种地位的区别。而在殖民地，从异地来的外国人用枪炮和机器就可以做主。他们成功地占有了一切，但还是外国人。拥有工厂、田地、银行账户都不是"领导阶层"的主要属性。领导层的那类人首先是别处来的，不像本地人，是"另一些人"。

借助暴力，殖民世界得以组建，暴力也伴随了土著社会结构的毁灭，暴力消除了原有的经济模式、行为和衣着方式，就在被殖民大众决定要创造历史、冲进禁止他入内的城市的时候，他们也会诉诸暴力，使用暴力。摧毁殖民世界如今是一种非常清晰易懂的行动图，殖民地人民的任何一个成员都能够理解。拆解殖民世界并不意味着消除边界后使两个区域进行交流。摧毁殖民世界就是消除一个区域，把它深埋到地底，或是清除到境外。

被殖民者质疑殖民世界并不是不同观点的理性对峙。这不是关于普遍性的言论，而是要竭力强调一种绝对的独特性。殖民世界是二元对立的世界。殖民者不可能满足于借助军警和宪兵仅仅去限定被殖民者的地盘。他似乎要展示殖民剥削的极权色彩，所以把被殖民者造就成某种邪恶的象征。被殖民者的社会不仅仅被描述为毫无价值的社会。殖民者也不满足于宣称被殖民者丧失了价值理念，或者说被殖民者的社会从来没有过价值理念。他们说，土著人根本理解不了伦理，价值缺失，甚至说他是对价值的否定。他，说白了，就是价值理念的敌人。从这个意义上说，他就是绝对的恶。具有腐蚀性，只要接近就会被毁；具有变形力，能扭曲一切与审美和道德有关的东西，身赋诅咒的邪力，也是盲目力量的无意识工具，无可救药。梅耶尔先生曾经在法兰西国民大会上严肃地说，如果让阿尔及利亚人进入法国，这简直就是共和国在卖身。一旦把我们的价值理念与阿尔及利亚人联系起来，就立刻会被彻底毒害、侵犯。被殖民者的风俗、传统、神话，尤其是他们的神话，都印证了他们与生俱来的贫瘠和粗鄙。因此，一方面要设置领土事务管理局，负责消灭传播疾病的寄生虫，同时另一方面要设置基督教机构，把异教、本能和邪恶消灭在襁褓中。黄热病的减退与福音书的传播都属于同一类的政绩。然而，这类的功绩报道实际上反映出被殖民者民众被注入了多少异化因子。我说的就是基督教，谁也没必要表示吃惊。殖民地的教会是白人的教会、外国人的教会。但教会并不是要把被殖民者引到上帝的路上，而是要引到白人的路上、主人的路上、压迫者的路上。我们都知道，这种故事里有的是被上帝召唤的，而上帝的选民则极少。

有时候，这个二元对立走到极端，就剥夺了被殖民者的人性。准确地说，就把被殖民者动物化了。而且，在现实中，殖民者谈到被殖民者的时候，他使用的语言是动物学语言。他会说黄种人的爬行，说土著人区域的蜂拥，说群居，说气味，说繁殖，说躁动，说蠢蠢欲动。殖民者要想仔细描述、精准描述，总会参考对动物的描写。欧洲人很少会找不到"形象"的语汇。不过被殖民者明白殖民者的意图，知道后者设下的圈套，会立刻弄清楚他在想什么。迅速攀升的人口数量，歇斯底里的人群，那些完全丧失人性的脸，那些臃肿变形的身躯，这个无头无尾的庞然大物，这些好像不属于任何人的孩子，那些阳光下的慵懒，植物的节奏，等等，都是殖民地语汇。戴高乐将军提到过"黄色的多样性"，莫里亚克说过黑色、褐色和黄色大众会泛滥。这些东西，被殖民者都懂，每次一听到在人家的语句里自己就是个动物，他就会哈哈大笑。因为他知道自己并不是动物。正是因为这个，他同时发现了自己的人性，他开始准备武器，去彰显自己的人性。

被殖民者一开始抛锚，开始让殖民者担心，人家就派来了一些高尚的灵魂，来召开"文化大会"，来给他讲解西方价值的独特之处、丰富内涵。可是，被殖民者一听到西方价值的问题，就出现全身僵硬、肌肉萎缩的反应。在非殖民化过程中，人家号召被殖民者要理性。人家向被殖民者提议要保留稳定的价值，再三地讲解非殖民化不应该意味着倒退，而应该以经过检验的广泛认可的坚实的价值体系为依据。然而，当一个被殖民者听到关于西方文化的言论，他大概就拿出了他的镰刀，或者说，他就先把他的镰刀放在手边。正因为白人价值观的统治是用暴力维持的，而这些价值观在与被殖民者的生活方式或思维方式出现交锋的时候总是以暴力取胜，所以按照公平的回复态度，被殖民者听到人家给他讲这些价值观的时候就会发笑。在殖民环境中，只有在被殖民者清楚明了地宣布接受白人价值观至上的时候，殖民者才会停止对他的要挟。在非殖民化进程中，被殖民者嘲讽辱骂这些价值观，并且表示唾弃。

这种现象一般情况下是看不到的，因为在非殖民化期间，一些被殖民知识分子与殖民资产阶级建立了一种对话。在这段时间，当地居民被看作是无区别的大众。殖民资产阶级偶尔结识的土著人中的几个名人的分量还不够，不足以让前者感觉到当地人之间的区别。但如果是在民族解放运动期间，殖民资产阶级就竭力试图与当地"精英"建立关系。那些关于价值理念的对话就是与这些精英展开的。当殖民资产阶级发现自己难以维持对殖民地的统治的时候，就决定在文化战线、价值观和科技等领域进行后场的战役。可是，不能忽略的是，被殖民的大多数民众是接触不到这些问题的。对于被殖民的人民，最根本的价值，也就是最具体的，首先是土地：土地能保证粮食，也就保证了尊严。然而这种尊严与"人类"的尊严完全不是一回事。那个理想的人类，他从来没有听说过。被殖民者在自己的土地上，看到人家可以随意逮捕他，殴打他，不给他食物；而从来没有一个道德教授，从来没有一个神父，来替他受苦，或是把食物分给他。对于被殖民者，宣扬道德的人应该是，确切地说，去阻挡殖民者行恶，反击殖民者的暴力，就是说把殖民者赶出视野去。著名的人人平等原则，只有在被殖民者明白他跟殖民者平等的情况下才会在殖民地传播。他还想多走一步，争取比殖民者高一级。实际上，他已经打算取代殖民者，占据殖民者的位置。我们可以看到，整个物质世界和精神世界全坍塌了。知识分子因为接受了殖民主义者宣讲的抽象层面的普遍性，要争取建立一个新世界，让殖民者与被殖民者和平共处。但是由于他学到的是殖民者的思维方式，他就看不到这一点，就是说他看不到如果没有了殖民语境，留下来共处对殖民者来说就没有意义了。这也说明，为什么阿尔及利亚政府和法国政府还没有开始谈判之前，阿尔及利亚的所谓"自由派"欧洲居民就已经宣布了他们的立场：他们要求得到双重国籍。这就是说这些人停留在抽象思维层面,想让殖民者往未知世界里进行具体的跳跃。坦率地说,殖民者非常明白,任何辞藻都代替不了现实。

被殖民者,就这样,发现自己的生命、呼吸、心跳都跟殖民者的一样。他发现殖民者的皮囊并不比土著人的值钱。可以说这种发现给世界带来了本质上的震动。被殖民者的新的革命信心全都由此而来。假如说,我的生命跟殖民者的生命同样重要,他的眼光就不再打击我,不再禁锢我,他的声音也不再使我颤抖。我不再因为他在场而难受。说实话,我要收拾他。现在,他的在场不仅不再使我难受,我还正在准备出其不意地伏击他,让他除了逃跑什么办法也没有。

我们前面说了,殖民语境的特征就是把二元对立强加给世界。非殖民化就要把世界统一起来,以一种决断的态度去除其异质性,在民族的基础上,有时候是在种族的基础上予以统一。大家都知道塞内加尔的爱国者说起他们的桑戈尔总统时,用了这样凶狠的一句话:"我们要求在管理岗位一层实现非洲化,可现在桑戈尔是在让欧洲人非洲化。"这就是说,被殖民者能够一眼就看出来非殖民化是否实现,因为最基本的条件就是"在后的成为在先的"。

但是,被殖民知识分子对这个要求做了一些改动,的确,理由是比较充足的:行政管理人员、技术管理人员、专业人员,都需要特殊考虑。然而,被殖民者认为这些特例都是破坏行为,人们经常会听到某个被殖民者说:"要是这样,独立还有什么用……"

在进行了一场真正的解放斗争的被殖民地区,人民洒下了热血,长期的武装斗争把知识分子也引到了民众的根据地,这些地区的上层建筑原本是这些知识分子从殖民主义资产阶级那里学来的,现在这一上层建筑被完全根除。殖民主义资产阶级那些自我陶醉的独白,通过大学教授的传播,本来早已深入被殖民者的思想,他们说,人尽管犯下了许多错误,但人的本质是永恒不变的。这里说的是西方的本质。被殖民者其实接受了这些观点的正当性,我们能够发现,在他的大脑深处有一条小径是维护来自古希腊/古罗马的基本思想体系的。可是,在民族解放运动过程中,被殖民者重新与自己的民族联系起来,那条人为的小径就消失了。所有那些来自地中海的价值观,对人、对明朗和对美的崇尚,全都变成了无生命的、无色的玩意儿。所有那些辞藻都似乎是死的词汇拼凑在一起的。那些价值本来似乎是使灵魂升华的，可现在却无法适用，因为民众目前的具体斗争与此无关。

首先是个人主义。被殖民知识分子从老师那里学到的是，个人要肯定自我。殖民主义资产阶级用铁杵把个人主义社会的主张深深地嵌入被殖民者的精神中，这个社会上每个人都封闭在自身的主体性之内，财富意味着思想的富足。可是当被殖民者有机会在解放斗争中与民众融合在一起就会发现，他学到的主张并不正确。斗争的组织形式会很快教给他另一套语汇。兄弟、姐妹、同志都是被那些殖民主义资产阶级禁用的词汇，因为对他们来说，我的兄弟就是我的钱包，我的同志就是我的同伙。被殖民知识分子好像亲临了某种焚书现场，把他原本崇拜的东西都销毁了：自私、傲慢指责、幼稚愚蠢的强词夺理，等等。这个被殖民知识分子，一直被殖民主义文化浸染的人，也会发现村民大会的盛况、群众委员会的密度、街区会议和支部会议的高效。每个人的事情变成了大家的事情，因为具体地讲，大家如果不是一起被当作英雄，也就是一起被杀害的话，那就是一起被挽救。"自顾自逃命"的想法，那种无神论版的救赎，在这种语境下不能成立。

一段时间以来大家都在谈自我批评：但是先问一下大家知道非洲的组织形式是什么样的吗？无论是在北非，还是西非，传统做法是，某个村里发生的任何冲突都在村民大会上公开解决。这不只是公开的自我批评，还有一份幽默，每个人都是放松的，因为每个人都希望达到同一个结果。小算盘、闷主意、背后想法、地下思维、秘密，等等，知识分子在民众中间会慢慢把这些东西全部抛开。所以我们可以说这一方面的胜利已经实现，这些民族已经有了自己的启蒙、自己的理性。

但有些地区尽管并没有真的经过解放斗争的震撼，也进入了非殖民化进程，我们也看到有一些同样的知识分子，聪明、灵敏、多谋。我们看到他们身上完整地保存着从殖民主义资产阶级那里学到的行为方式和思维模式。他们是昨日殖民主义的宠儿，也是今天民族权威的骄子，他们在组织对国家资源的侵吞。他们无节制地通过招数、通过合法的程序进行偷盗，控制进出口，控制有限公司，进行股市炒卖，获取特权，成为贫弱国家高高在上的主人。他们强烈要求把商业活动全部国有化,就是说把市场和好的机会只给本国人。以某种信条的形式,他们宣布窃国行为国有化是最紧迫的事情。就在这种民族建设的荒漠期,在这种人称"紧缩"的时期,他们的诡计很快就引起民众的愤怒和暴力行为。穷苦但独立的民众,在目前的非洲局势和世界局势中,能够迅速地达成某种社会意识。这一点,那几个微小的个人用不了多久就会明白。

为了吸收压迫者的文化并在其中碰碰运气,被殖民者曾做出了某些抵押。同时,他也吸取采用了殖民资产阶级的思维方式。这可以从被殖民知识分子无法参与对话的现象中看出来。因为他不知道如何使自己在事物或思想面前表现得卑微一些。不过,当他在参与民众活动时,他总是不断地获得惊喜。他其实就是在人民的善意和诚实面前无所适从。这时他的风险就是可能成为一个民粹主义者。他对人们的每一句话都点头称是,把这些话转化为宣言。但是,那个农民,失业者,那个挨饿的人,并不认为自己掌握了真理。他没有说他是真理,他只是在他的存在之中。

知识分子在这个时期的客观表现,就像一个粗俗的机会主义者。实际上他的各种操作都没有停止。民众并不打算,也根本不会去排斥他或是崇拜他。民众想要的是,把一切都共同处理。知识分子融入民众大潮的过程不是一蹴而就的,因为他身上有一种对细节的奇特爱好。这倒不是说民众不喜欢分析。民众愿意有人给他讲解,愿意理解某种论述的前后逻辑,愿意知道前行的方向。可是被殖民知识分子在开始与民众相处时,总是强调细节,甚至忘记打败殖民主义才是斗争本身的目标。他投身到多种形式的斗争之中,他似乎总是专注于某些局部的任务,他热情地投入,但好像总是过于庄严。他不总是看得到整体。他在人民革命这个巨大的搅拌机里引入学科、专长和领域的概念。他到前线的某个具体地点参战,常常会忘记运动的统一性,而一旦遇到局部失败,就会疑虑重重,甚至灰心绝望。而民众从一开始就会采取一种总体的态度。土地和粮食,怎么能得到土地和粮食?民众的这个特性,看上去似乎很局限、很短视,实际上却是最丰富最有效的斗争方式。

真话的问题也需要我们特别注意。在某个民族内部,在任何时期,真话都只是面向本国人的。任何绝对真理，任何关于灵魂之透明的言论都不能动摇这个立场。面对殖民境况下的谎言，被殖民者以同类的谎言来回复。对本国人公开的事情，对殖民者则要隐藏和掩盖。真，就是可以去除殖民体制，就是有助于民族兴起。真，就是能够保护土著人，就是让外国人失败。殖民语境下没有什么绝对的真。而善就是让"另一些人"不好受。

我们看到，主导殖民社会的初级二元对立思维在非殖民化阶段完好如初。因为殖民者一直是敌人、反对者，具体来讲就是需要打倒的对象。压迫者在他本国地盘实施的是统治、剥削和抢掠。在另一块地盘上，被圈起来被抢掠的被殖民物，还在尽可能地供应着压迫者，从殖民地领土的各个角落运往宫殿豪宅，运往"本土"的海港。在这块地方，到处都铺着摊子，棕榈树在云端摇曳，波涛在石子儿上滚动，原料来来去去，殖民者显得非常重要，而被殖民者蜷缩着，半死不活的，做着一个不变的梦。殖民者在创造历史。他的一生是史诗，是奥德赛。他是绝对的开端："这块土地是我们建的。"他是延续的事业："如果我们离开，一切就完了，这里会回到中世纪。"在他对面，那些沉睡的人，内心被灼烧着，被"祖先的风俗"缠绕着的人，构成了殖民地商业大发展的布景，可以说就是地质背景。

殖民者在创造历史，他深知这一点。因为他在不停地参照他本土的历史，他宣称这里就是本土的延续。他书写的历史因而并非他所掠夺国家的历史，而是他本国的历史，他本国抢掠奸污欺辱的历史。被殖民者要想改变这种窒息静止的状态，只有立志结束这段殖民历史，结束掠夺的历史，来书写民族的历史、非殖民化的历史。

被隔断的世界，二元对立的、静止的世界，也是雕像的世界：来征服的将军雕像，建造大桥的工程师雕像。自信的世界，正在用石块倾轧着伤痕累累的脊梁骨。这就是殖民世界。土著人是被裹扎起来的，种族隔离只不过是殖民世界多种分隔形式的其中之一。土著人学到的第一件事，就是待在自己的地方，不能越界。因此土著人的梦是肌肉运动的梦，有动作的梦、有攻击性的梦。我梦见自己在跳跃，在游泳，在奔跑，在攀登。我梦见自己放声大笑，一步就跳到了河对岸，身后有无数车辆在追赶我，但是怎么也追不上。殖民地时期，被殖民者总是在晚上9点到早上6点之间解放自己。

这种攻击性沉积在被殖民者的肌肉之中，他往往会在他的同胞面前释放出来。比如说有个时期黑人之间互相残杀，比如说北非的高犯罪率把警察和法官弄得无从下手。我们在有关殖民战争与精神错乱的章节会专门进行论述。面对殖民体制，被殖民者处在长期紧张的状态。殖民者的世界是充满敌意的，是排斥的，同时也是令人向往的。我们看到被殖民者总是梦想着住到殖民者的家里。不是要变成殖民者，而是要占据他的位置。这个充满敌意的世界，沉重的、凶恶的、把被殖民者拒之千里的世界，并不是人们想躲开的地狱，而是个近在咫尺的天堂，被恶犬守卫着的天堂。

被殖民者总是胆战心惊的，因为他弄不懂殖民世界的各种符号标志，他从来不清楚自己是不是越界了。在殖民主义者安排的世界中，被殖民者永远是可能的罪犯。被殖民者的罪责不是被证实的罪责，更像是一种诅咒，达摩克利斯之剑。他被统治，但是没被驯化。他被看作是低等的，但他不相信自己低等。他在耐心等待殖民者放松警惕后就扑上去。被殖民者的肌肉一直在等待。我们不能说他担心或者惧怕。其实，他随时准备放弃自己猎物的角色而充当猎人的角色。被殖民者是一个随时梦想做迫害者的被迫害者。宪兵、军号、演习和高扬的旗帜这些象征物,既有震慑性,也有刺激作用。它们并非在说"不要动",而是在说"准备出手"。所以,如果被殖民者开始打盹儿,开始忘记,殖民者的傲慢无礼还有他测试殖民系统是否牢固的意愿都会不停地提示被殖民者,决一死战的日子不可能无限期地推迟。于是,取代殖民者的冲动让被殖民者每时每刻都保持着肌肉的力量。我们也知道,在某些情绪主导的情况下,障碍的存在会激发行动的愿望。

殖民者与被殖民者的关系是群体的关系。殖民者数量不足,他有武力。殖民者喜欢显示自己。他担心自己的安全,于是总是高声地向被殖民者强调"这里的主人,是我"。殖民者总是在激怒被殖民者,这种怒火只有当前者离开时才可能熄灭。被殖民者被殖民主义的罗网紧紧地捆着。但是我们看到了,在网里面,殖民者只得到某种虚假的僵化。被殖民者的肌肉张力会定期地在不同场合得以释放:家族内讧、打群架或者个人间的争执。

在个人层面,到处是一种对良知的彻底否定。殖民者和警察可以从早到晚,随意殴打被殖民者,辱骂他，逼他下跪，被殖民者呢，如果他看到另一个被殖民者不怀好意的目光，马上就会拔刀子。因为被殖民者唯一的可能就是在他同胞面前维护自己的个性。家族斗殴的原因都只是久远的恩恩怨怨。被殖民者甩出膀子报复别人的时候，他就在告诉自己殖民主义并不存在，一切还像从前一样，历史还在继续。我们这里看得很清楚，从群体的角度，这就是一种躲避的表现，似乎投入到自相残杀中就可以看不到障碍物，就可以将不可避免的选择再度推迟，也就是推迟对殖民主义展开武装斗争的选择。家族斗殴中进行的是典型的群体自戕，这就是被殖民者释放自身肌肉张力的方法之一。此类行为全是在危险面前的死亡本能反应、自杀性的表现，殖民者借此机会可以强化自己的生存和统治，也可以检验这些土著是不是正常人。被殖民者还会通过宗教信仰来忘记殖民者的存在。宗教狂热能够把一切责任都从压迫者那里拿掉，把苦难、贫困和命运的原因归于上帝。这样个人就接受了上帝决定的命运，在殖民者和命运面前屈服，在内心找到平衡，得到岩石般的平静。

不过，这个时候，生活还是在继续，被殖民者也会在令人恐惧的神话里,即这种欠发达社会最盛行的东西中,找到安慰自己的原因:人一犯错就会出现的凶恶神灵、豹精、蛇精、六腿狗、幽灵,无穷无尽的动物或巨人,给被殖民者营造出一个处处是禁忌和围障的世界,比殖民主义的世界更使人畏惧。这个魔幻的上层建筑深入到土著人社会,在力比多领域也起着具体的作用。未发展社会的一个特征就是,力比多首先是一个群体的事情、家族的事情。我们都知道,很多民族学家已经描述过,如果一个男人梦到自己与不是自己妻子的女人发生性关系,必须当众承认,然后以实物或者劳力的方式对该女人的丈夫或家庭进行补偿。这当然也证明,顺便说一句,所谓的史前社会对人的无意识是非常重视的。

神话与魔法的氛围在使我害怕的同时,就像是真实存在的。它让我害怕,把我引入传统之中,引入我的村庄部落的历史当中,但这同时也让我得到安抚,给我一种身份,一个归属。欠发达国家的秘密宗法,简直就是魔法制作的群体宗法。在这纵横交错的人群脉络中,各种行为都在重复不变地出现,这告诉我,原来的世界永远地存在,我所属的世界不会消失。幽灵真的比殖民者恐怖得多。因此，问题就不再是要遵守殖民主义的戒律，而是要三思之后才敢撒尿、吐痰或是夜间出门。

超自然的力量、魔法的力量，实际上都是与自我非常有关的力量。殖民者的力量都被看轻到极点，被看作是外围的。人们没必要去斗争，反正最重要的都在各种神话结构的对立之中。我们发现，一切都可以演变为臆想层面的长期交锋。

可是，在解放斗争中，过去分散在虚幻小圈子里的民众，本来是被困在难以言说的恐惧之中却喜欢到梦境中忘记自己的，这时却走出家门，组织起来，在血泪之中进行真实的就地抗争。他们给圣战者送吃的、送信，帮助一无所有的家庭，帮助被杀或被捕战士的家庭：这就是民众参与解放斗争的具体方式。

在殖民世界中，被殖民者的情感是一触即发的，就好像新的伤口不能触碰。他的神经系统马上就会收缩、会消失，或者会通过肌肉活动来发泄，所以有些有学问的人说被殖民者都有歇斯底里症。这种敏感状态，尽管有隐形的卫士把守着，还是会向人的中枢神经发出信号，这种敏感会在以身体解决危机的过程中得到快感。

在另一方面，我们可以看到被殖民者的情感消耗在狂热的舞蹈中。因此对殖民世界的研究必须关注理解舞蹈和性行为现象。被殖民者放松自己的方式，就是此类身体的快感，这使最激烈的攻击性、最急剧的暴力能得到缓解、平息，甚至消解。跳舞围起的圈子可以保护，表示许可。固定的日期、固定的时刻，男人和女人聚在一个特定地点，在整个部落的目光下，投入到一种舞蹈之中，他们的节奏看上去并不整齐，但非常协调，他们时而晃头，时而弯腰，将身体甩动，展示出整个群体齐心协力的景象，他们在说咒语，在交流，在讲话。什么都是允许的……但是只在这个圈子里。他们聚在小山包上，想离月亮近一些，聚在河边，让舞蹈和沐浴一起进行，这都是神圣的地方。什么都可以做，实际上，他们聚在一起就是要把积攒的力比多、压制的攻击性全都释放出来。不论是假想处决，还是象征性的行军，还是幻想刺杀，都可以释放出来。坏情绪都倾倒出来，好像火山爆发时的岩浆在轰鸣。

接下来，我们就看到性行为。实际上，他们进行的是与神灵的性行为：魔鬼出现，还有精灵、幽灵、巫毒附体。这样，人格消散、神灵附身、情绪消解，等等，在殖民地世界有着稳定社会的重要经济作用。在去的路上，那些男人和女人都精神紧张，很不耐烦，拖着脚步。回来的路上，他们都心平气和，村庄一片安宁。

在解放斗争中，我们会看到人们对这种活动不再感兴趣了。人家把他顶在墙边，用刀子对着他的喉咙，甚至，电极管夹着阴部，被殖民者这时不得不明白，不能再给自己讲故事了。

于是在多年的虚幻之后，在离奇的臆想中沉浸多年后，被殖民者拿起了武器，去对抗某种力量，那是世上否认他存在的唯一的一种力量，那就是殖民主义的武力。年轻的被殖民者，在这样充满铁链和火光的氛围中长大，总是会毫不留情地嘲笑他们的幽灵祖先，什么二头马，什么尸体复活，什么精灵在你打哈欠的时候附体的事情。被殖民者发现了现实，将其转化为实践活动，转化为暴力演习，转化为解放的前景。

我们看到，在整个殖民主义时期，人群中的暴力，尽管会一触即发，但基本是空的。我们描述过，这种暴力通过舞蹈或性行为能得以排遣。我们也看到这种暴力会消耗在兄弟内斗残杀中。目前的问题就是把这种暴力引导过来。就在它沉醉于神话故事中，它想办法创新集体自杀方式的时候，需要创造一些新的条件，让它来改变方向。

从政治策略和历史的角度，如今的殖民地解放斗争提出了一个极为重要的理论问题：什么样的时刻我们就可以认为开展民族解放运动的时机成熟了？民族解放运动的先锋是怎样的？因为非殖民化进程在各地形式各异，理智让我们不愿意也不可能说什么就是真的非殖民化，什么是假的非殖民化。我们会看到，对于一个参与其中的人，最紧急的是决定采取什么手段、什么策略，也就是说，行动与组织方式。除此以外，就只会是盲目的一厢情愿，产生可怕的不测后果，甚至反动的行为。

在殖民时期，有没有人想过引导被殖民者的暴力，将其引向新的道路、新的建设方向？最早是一些政党和知识分子或者商业精英有过尝试。然而，不少政党的特点是，倡议许多原则却拿不出行动纲领。这些民族主义政党在殖民时期的所有活动都是类似争取选票的活动，也就是通过政治哲学方面的一系列论述，对民族自决权、人的尊严和吃饭权利等问题进行论述，不断地重申"一人一票"的基本原则。民族主义政党从来不强调力量考验的必要性，因为他们的目标并不是彻底推翻体制。他们是和平主义者、法治主义者，其实也就是秩序的守护者，这些政党在向殖民主义资产阶级直截了当地提要求，提出那个对他们来说最根本的要求："多给我们一些权力。"在暴力的问题上，精英们不置可否。他们的言论是很激烈的，但态度是很温和的。当这些资产阶级民族主义政党领袖说出某些话的时候，毫无疑问那都不是他们的真实想法。

这些民族主义政党的这个特点，需要从他们的领袖和追随者那里一起观察。民族主义政党的追随者是城市居民。工人、小学教师、小工商业者，开始在殖民环境中得到一定的实惠（当然是很微薄的），有自身的利益。这些人的诉求，是改变他们的命运，提高工资。这些政党与殖民主义之间的对话从未间断。他们讨论选区设置，选举代表制，讨论新闻自由、结社自由。讨论改革。也有不少土著人参加到法国本土政党的分支机构中。这些土著人都在为一个抽象口号作战："把权力交给无产阶级"，而忘记在他们自己的地方，应该首先以民族主义的口号来斗争。被殖民知识分子毫不掩饰地把自己的攻击性投入到学习和吸收殖民世界的努力之中。这样，就出现了一个新的阶级，某种被单个儿解放的、获得自由的奴隶阶级。知识分子所要求的，就是越来越多的奴隶得到自由，来组成一个独特的自由奴阶级。可是，大众并不打算期待个体成功的机会增加。他们要的，并非殖民者的身份，而是殖民者的位置。被殖民者中的绝大多数，想要殖民者的农庄。他们不打算与殖民者竞争。他们要占据殖民者的位置。

多数民族主义政党的宣传都把农民群体完全遗忘了。然而，在殖民地国家，很清楚的一点是，只有农民群体是革命性的。他们一无所有，没有可输的东西，只有可赢的。他们被遗忘，忍受饥饿，他们比其他被剥削者更快地发现只有暴力才有效果。对他们来说，没有让步，也没有妥协的可能。继续做殖民地，还是非殖民化，这就是一场力的较量。被剥削者懂得了，要解放就要不惜采取任何手段，而首要的就是武力。1956年，当居伊·摩勒（Guy Mollet）向阿尔及利亚殖民定居者让步以后，阿尔及利亚民族解放阵线（FNL）发放了一份著名的传单，说殖民主义绝没有心慈手软的时候，必须把尖刀扎向它的喉咙，所有的阿尔及利亚人都不认为这句话过于暴力。传单仅仅表达了所有阿尔及利亚人从内心深处感受到的东西，也就是说殖民主义并不是思想机器，也并不是具备理性的身体。它就是天然的暴力化身，只有更强烈的暴力才能将其制服。

在需要最终解释的时候，殖民主义资产阶级，原本一直不动声色的，上场了。他们引入一个新的概念，这可以说是一个殖民境况下的创造，叫作：非暴力。这个非暴力概念的总体含义是告诉被殖民知识分子和经济精英，殖民主义资产阶级的利益与你们的利益相同，所以大家必须，马上，达成协议争取共同救亡。非暴力的概念其实是，在采取一切不可挽回的措施之前，在血流成河之前，在任何遗憾行为之前，围着绿色的地毯解决殖民地问题的一种尝试。但是，如果大众不等绿毯周围摆好椅子，只听自己内心的声音，开始放火和引爆的话，那些"精英"和资产阶级民族主义政党的领袖就会急忙跑向殖民主义者，跟他们说："情况危急！我们不知道事态会怎样发展，需要马上想办法，需要和解。"

这里说的"和解"在非殖民化现象中非常重要，

正因为非常复杂。和解其实同时关系到殖民体系的存在和新兴的民族资产阶级。殖民体系的掌管者发现大众可能会摧毁一切。毁掉桥梁，毁掉农庄，然后会有镇压、战争，这都会沉重打击经济。对于民族资产阶级，他还难以看清风暴可能带来的结果，但是惧怕自己被这股狂潮卷走，因此他总是对殖民者说："我们还可以阻止这一切，大众还信任我们，你们要抓紧时间采取行动。"也可能，民族主义政党领袖与暴力行为要拉开距离。他竭力强调他决不支持这些起义者、恐怖分子，这些杀人犯。最好的情况是，他在恐怖分子和殖民者之间围起一片无人地带，声称自己是"调解人"：也就是说，既然殖民者无法与起义者谈话，那么他愿意来进行谈判。这样，这个民族斗争的后卫，这部分民众，本来总是向着斗争的另一方，却阴差阳错成了前锋，去负责谈判与和解，其原因就是，这部分人希望不要中断与殖民主义者的联系。

在谈判之前，大部分政党都最多满足于解释和原谅那些"野蛮行为"。他们不称之为人民的斗争，但也经常在私下抨击那些被本土报刊舆论斥责的过激行为。他们采取观望政策，借口就是要客观地看问题。然而，被殖民知识分子以及民族主义政党领袖的这种惯有态度实际上根本不客观。因为，他们不知道大众采取的这种暴力行动是不是维护他们自身利益最有效的方式。也有人深信暴力手段没有用。对于这些人，毫无疑问，任何企图以武力摧毁殖民压迫的尝试都是绝望的举动，是自杀行为。这是因为，在他们头脑里，殖民者的坦克和战斗机威力无比。当有人跟他们说，需要行动了，他们马上就觉得炮弹会落在他们头上，装甲车会沿路袭来，重机枪，警察……所以他们愿意坐着。他们是不战而败者。他们没有能力以暴力取胜，这是不需要证实的，因为在日常生活中他们都是如此表现的。他们采取的立场就是恩格斯在他著名的《反杜林论》中表达的幼稚立场：

> 既然鲁滨逊能够获得利剑，那我们同样可以设想，星期五有朝一日会手握子弹上膛的手枪出现，那时全部"暴力"关系就颠倒过来了：星期五发号施令，而鲁滨逊则不得不做苦工。……总之，手枪战胜利剑，这样，即使最幼稚的公理论者也可以理解，暴力不是单纯的

意志行为，它要求具备各种实现暴力的实实在在的前提条件，特别是工具，其中较完善的工具战胜较不完善的；此外，这些工具必然是生产出来的，同时也可以说，较完善的暴力工具，即一般所说的武器的生产者，会战胜较不完善的暴力工具的生产者；一句话，暴力的胜利是以武器的生产为基础的，而武器的生产又是以整个生产为基础，因而是以"经济力量"，以"经济状况"，以可供暴力支配的物质手段为基础的。

事实上，那些改革派领袖也这么说，"你们打算拿什么跟殖民者打？拿你们家的刀？拿你们的猎枪？"

的确，在暴力方面工具是很重要的，因为一切都依靠这些工具的分配。然而在这个领域，有些殖民地的解放历史能够带来某种新的思路。比如说在西班牙战役中，在拿破仑殖民战争中的1810年春天，尽管侵略者人数庞大，达到40万，但他们不得不后退。当时法国军队战备精良，士气高昂，将领战术高超，使整个欧洲颤抖不已。面对拿破仑军队的装备和规模，西班牙人只是凭借一种民族信念，就发现了一种游击战术,那就是二十五年之前,美国的民间武装战胜英国军队时所使用过的游击战术。不过,被殖民者的游击战与其他暴力工具相比,不会起到什么作用,如果它不能形成托拉斯和垄断组织之间全球性竞争中的一种新元素。

在殖民时期之初,一个纵队就能占据极为广阔的领土:刚果、尼日利亚、科特迪瓦,等等。可是今天被殖民者的民族斗争处在全新的局势中。资本主义大发展时期,资本家把殖民地当作原材料资源库,经过加工,把产品销往欧洲市场。资本积累期过后,盈利的概念现在已经发生变化。殖民地成为市场。殖民地居民也是消费者。这时,如果驻军需要不停地增加,如果商业活动减缓,也就是说,如果加工后的产品不能再出口,这就证明军事解决的选项应该取消。类似奴隶制形式的粗暴统治对于本土来说是经济上难以承受的。本土的资产阶级垄断财阀不支持只有军事政策的政府。本土的工业家和财团期待的,不是政府灭掉殖民地的民族,而是让政府通过经济合约,保管好他们的"合法利益"。

所以说,资本主义与殖民地发生的暴力行动有着某种客观的契合。同时,被殖民者在殖民地领土上并不是独自面对压迫者。一方面有来自进步国家民族的政治与外交援助。另一方面，还有财团之间的残酷竞争。当年一个柏林会议就把非洲大陆分给了三四家。如今，重要的不是说非洲的哪个地区是法国或是比利时所属，重要的是，经济开发区必须保护好。大炮轰炸、烧光政策已经让位给经济控制权。今天没人去开火镇压某个不听话的苏丹王。人家变得文雅，少了凶残，而且要和平取缔种姓制度。人家试图钳制几内亚，人家推翻了摩萨台。惧怕暴力的民族领袖如果以为殖民主义会"把我们统统杀掉"，那他就搞错了。当然，军人还在继续玩侵略时期的旧把戏，但是金融领域很快就把他们带回现实当中。

这就是为什么理性的民族主义政党应该尽量明确说明他们的诉求，平心静气地、冷静地与殖民主义者合作寻求对双方都有利的解决办法。我们看到，民族主义温和派，常常被当作工会主义者的那些人，如果一旦决定行动，就会采取异常和平的方式：在城市的工厂里停工，大规模游行呼叫领导者，抵制汽车和进口食品等。这些行动既可以向殖民主义者施加压力，也可以让民众释放情绪。这是一种冬眠式的疗法,给民众进行睡眠治疗,有时候会有效。因此,就在围着绿毯的商讨之中,姆巴先生脱颖而出,成为加蓬共和国的总统,他在到达巴黎正式访问时,庄严地说:"加蓬独立了,但是加蓬和法国之间,什么都没有变,一切还像过去一样继续。"唯一的变化就是,姆巴先生成了加蓬共和国总统,受到法兰西共和国总统的接见。

殖民主义资产阶级旨在安抚被殖民者的努力也得到宗教的一臂之力。圣人被打了左脸就转过来右脸的故事,宽恕别人侵犯的故事,被唾被骂却平静对待的故事都作为榜样实例来传授给被殖民者。被殖民国家的精英,作为被解放的奴隶,一旦成为民族解放运动的领袖,总会使斗争降级。他们以"奴役同胞"的方式去影射奴隶主,或是给压迫者的金融对手提供人道主义说辞。实际上,他们从不去号召奴隶,从不真正地动员他们。相反,到了关键时刻,也就是他们编造谎言的时刻,他们会扬言进行全民总动员来催发"殖民制度解体",就像等待奇迹来临。在那些政党里、领导层中,自然都会有几个革命者,不接受此类民族独立的闹剧。但是很快,这些人的发言,他们的倡议,他们的愤怒就让政党很不舒服。逐渐地,这些成员被孤立,然后被剔除。同时,就好像一切都很凑巧,殖民警察也会注意到他们。这些目光如炬的不受欢迎者在城市里得不到安全,其他人都躲着他们,政党拒绝他们,他们就会转移到农村去。这时他们发现,农民群众听懂了他们的某些话,直截了当地提出让他们猝不及防的问题:"什么时候动手?"

我们下文中将专门论述城市革命者与农村民众的相遇。现在我们还是回到政党问题上,来展示他们的行动毕竟有一种进步意义。政治领袖在讲话时会说出民族的"名字"。被殖民者的诉求因此就有了一种形式。但是没有内容,没有政治和社会纲领。形式是模糊的,但确实是民族的,有了一个框架,可以称为最基本要求。政治家们发表演说,在民族主义报纸上发表文章,这都让民众产生憧憬。他们要避免颠覆,但事实上在听众和读者的意识中引入了颠覆的酵母。他们常常使用民族语言,或者是部落语言。这也是维系憧憬的手段,让人们想象殖民制度之外的前景。有时候政治家们还会说:"我们黑人如何如何,我们阿拉伯人如何如何",这种称呼在殖民时代是模棱两可的,而这时便有了一种神圣的色彩。政治家们在玩火。因为，最近一位非洲领袖对一群年轻的知识分子说："你们必须深思熟虑之后再去跟民众交谈，他们是很容易煽动的。"也就是说有一种历史的狡计，正在殖民地可怕地上演呢。

当政治领袖请民众去参加大会时，我们可以说能够闻到血腥味。但是那位领袖，一般来讲，会尤其在意如何"展现"自己的力量，这样就用不着去使用自己的力量。不过，通过这种方式，去，来，听演讲，看到很多人会集在一起，看到周围的警察，军人演习，逮捕，领袖被转移等，这一系列的骚动不安，可以让民众感觉到，是采取行动的时候了。就在这种不稳定的时期，各政党总是号召左侧的人要镇静，而对于他们的右侧，他们在观察，试图找出某些殖民主义的自由意图。

民众也利用社会生活的某些时刻来保持自身的活力，保持自己的革命能量。比如说，每天与宪兵周旋的强盗，有一个在打死四五个警察之后死去，还有一个宁可自杀也不"交出"同伴，他们都成为民众的灯塔、行动指挥，成为"英雄"。当然，没必要说这个英雄是个小偷、小混混或是流氓。如果这个人被殖民当局逮捕的原因是针对某个个人或是殖民官方公物的,那么界限会划得很清楚,绝不含糊。认同程序是自动的。

还需要说的是,在这个行动不断成熟的过程中,殖民主义侵占初期的民族抵抗历史也起到很大的作用。被殖民民族的代表人物总是那些抵抗殖民主义侵略的领袖。贝汉津(Behanzin)、松迪亚塔(Soundiata)、萨摩里(Samory)、阿卜杜·卡迪尔(Abdel Kader)的故事都在民族解放运动中广为传颂。这证明民众准备行动,准备终止殖民主义引入的这一死亡时段,准备创造历史。

新的国家出现,殖民体系拆除,有的来自独立民族自身的暴力斗争,有的是周边其他被殖民民族的暴力斗争迫使殖民体制低头的结果。

被殖民民众并不孤立。尽管殖民主义竭力封闭,消息和回音还是能够穿越边界。他们发现四周都有暴力斗争,到处都爆发,有的地方暴力斗争引爆了殖民体制。成功的暴力斗争不仅告知被殖民者它是有效的,也让他沿用和效法。越南人民在奠边府战役的胜利,我们可以说,已不再是越南人民的胜利。1954年7月起,殖民地人民的问题是:"如何再实现一个奠边府胜利?怎么操作?"任何一个被殖民者都不再怀疑实现这一胜利的可能性。他们的问题是如何组织队伍，如何部署，何时行动。这种暴力斗争的气氛不只是影响着被殖民者，也影响着殖民主义者，他们知道到处都会有奠边府行动。因为这个原因，各地的殖民政府都处在极度恐惧之中。他们在不住地说，争取主动，使解放运动往右转，解除人民武装：要快，我们来搞非殖民化。把刚果非殖民化，不然会变成阿尔及利亚那样。我们通过新的框架法律设置来处理非洲，建立社区，改良这个社区，但是，我求你们了，非殖民化，非殖民化吧……他们迅速地搞非殖民化，甚至强制乌弗埃－博瓦尼（Houphouët-Boigny）在科特迪瓦独立。面对被殖民者确定的奠边府战略，殖民主义者以辅导战略来应对，在尊重各国的主权的基础上。

不过，我们还是回到这种暴力气氛问题上，这种一触即发的暴力问题。我们看到，在暴力发展过程中，有很多传送带在引导暴力，将其导出去。殖民体制把这种暴力转化到部落斗争或地区斗争之中，除此之外，暴力有一个走向，被殖民者确定了敌人，给自己的一切痛苦贴上了标签，然后就把自己的仇恨和愤怒引发的所有力量都投到这条路上。可是，怎么能从暴力气氛走到暴力行动中去？是什么引爆了锅炉？首先是这种发展不会让殖民者毫无察觉。殖民者"了解"土著人，他发现某些迹象，事情在变化。好的土著人越来越少了，压迫者一靠近他们就一声不发。有时候目光也变得凶狠，态度和言语甚至充满敌意。民族主义政党蠢蠢欲动，到处集会，同时，警力也增加了，增援队伍也来了。殖民者中，首先是农业种植者，因为住在偏僻的农庄里，最先开始警觉起来。他们要求政府采取强硬措施。

政府果然开始采取强硬措施，抓捕一两个政治领袖，组织军事展示，演习、飞行。各种演习、操练，使火药味四处漫布，却没能让人们后退。刺刀和炮弹倒更激起他们的敌意。一种悲壮气氛开始弥漫，每个人都想证明他无所畏惧。就在这种情势下，枪会走火，因为人人都神经过敏，到处恐惧，人们随时会扣下扳机。一件小事就能引起一片枪声：比如在阿尔及利亚的塞提夫、摩洛哥的卡萨布兰卡贫民窟，还有马达加斯加的穆拉曼加。

镇压行动不仅无法压制暴力的蔓延，甚至促进了民族意识的觉醒。在各个殖民地，民族意识一旦发芽，大屠杀只会使这种意识加强，因为这充分说明压迫者与被压迫者之间一切都是力的较量。这里需要强调的是民族主义政党没有发出武装起义的号召,也没有为起义做准备。而镇压行动、恐惧引发的行动都不是领袖们希望的,而都是事态的驱使。但这时,殖民主义政府决定要抓捕民族主义领袖。可是,今天的殖民政府知道,让民众失去首领是非常危险的。因为没人引领的民众会投入到无序的骚乱、暴行和"兽性谋杀"之中。群众会任由自己的"血性本能"驱使,强迫殖民主义者释放他们的领袖,这些领袖则需要肩负起平息事态的责任。被殖民的民众,本来是自发地把自己的暴力投入到摧毁殖民系统的艰巨任务之中,可是在很短时间内他们就发现,行动口号变成了无力的"释放某某"。殖民主义者就会释放那些人,并且跟他们谈判。大众舞会的时刻到来了。

也有可能,政党的设置安然无恙。但是由于政府镇压,由于民众的一些自发行动,这些政党难以应对自己的成员。大众的暴力与占领军激烈对峙,事态恶化,难以维系。这些政党的领袖没有被捕,但是处在边缘。他们守着他们的编制,守着他们的理性纲领,一下子变成无用的人,我们看到他们远远地站在一边，还试图虚伪地再来一次"以被压迫民族的名义讲话"。一般来说，殖民主义者会贪婪地扑上来，把这些无用的人收编为谈判对象，四秒钟之内就赠送独立，让他们平息乱局，恢复秩序。

我们就可以明白，所有的人都看到了这里的暴力，问题并不总是以更大暴力来制服暴力，而是如何解除危机。

那么这种暴力究竟是什么？我们前面看到，这是被殖民大众的直觉，他们觉得必须争取解放，而且只有靠强力才能实现解放。那么，这些没有技术、饿着肚子、虚弱不堪的人，不懂任何组织方法，面对占领者的经济和军事力量，是因为怎样的精神错乱才会去相信，只有暴力才能解放他们？他们怎么可能期待胜利呢？

因为可怕的症结就在这里，暴力作为方法能够成为某个政党的口号。政党的领导可以号召民众拿起武器。我们应该思考一下这个暴力问题。军国主义德国决定武力解决边界争端的时候，我们好像并不吃惊，可是当英国民众拿起武器，或是阿尔及利亚人民拒绝任何非暴力行动方案的时候，我们就知道发生了一些事情,或者说有些事情正在发生。被殖民者,那些现代社会的奴隶,已经忍无可忍了。他们知道,只有这种疯狂行为能够让他们脱离殖民压迫。世界上出现了一种新型的关系。欠发达国家的人民在扯断他们的锁链,而最奇妙的是,他们竟然成功了。在发射斯普特尼克卫星的时代,人都说饿死是不可能的,可是那些被殖民大众不需要任何太空逻辑。事实是,没有一个殖民主义国家今天还有能力采取那种唯一可能奏效的斗争方法,也就是长期部署大量兵力。

从内部看,殖民主义国家面临着很多矛盾,处理工人运动也需要动用警力。另外,在如今的国际局势下,这些国家需要军队维护他们的制度。还有,我们也知道莫斯科在指挥一部分解放运动神话。就是说,现有体制对此惊慌失措:"如果情况持续下去,共产分子恐怕会利用目前的骚乱打入这些地区。"

被殖民者急不可待,不断发出暴力威胁的信号,这也证明他明白目前情况的特殊性,他要抓住时机。同时,被殖民者也看到了现代世界是如何直插热带雨林最深处的,他亲身感受到、意识到什么是自己没有的东西。大众经过自己的天真推理，确信这些东西都是被别人偷走了。这就是为什么在一些欠发达国家，大众行动很快，但独立两三年之后，就懂得自己被捉弄了，懂得"根本没有必要"去斗争，因为什么都没有真的改变。1789年资产阶级革命以后，法国最小的农民都在这场革命中得到了相当的好处。但是谁都可以看到，在绝大多数情况下，对于欠发达国家95%的居民，独立都没有给他们带来实在的改善。知情的观察者发现到处存在着一种不满情绪，就像是火灾扑灭之后留下的火星，随时还可能燃起来。

有人说被殖民者太性急了。但是不要忘记，不久之前人们还在说他们太慢、太懒、太消极。已经能够看到解放斗争时期非常明确的暴力并没有在更换国旗之后就神奇地消失。这种暴力尤其不会消失，如果新国家的建设继续在资本主义与社会主义竞争的形势下进行。

这一竞争使得最基层的诉求都变成了普遍性的。每次集会、每次镇压行动，都具有国际回响。沙佩维尔（Sharpeville）大屠杀震惊全球数月之久。报纸、电台，以及私人谈话中，沙佩维尔都具有深刻的意义。这一事件让很多人了解到南非种族隔离的问题。我们不能说那些大国突然关心起欠发达地区的小事只是蛊惑人心，因为第三世界的每次骚乱、每次运动，都是冷战格局下的事情。索尔兹伯里（Salisbury）的两个人被警察殴打，整个阵营都被震撼，都在谈论这两个人，提出了罗德西亚（Rhodesia）的特殊问题，并引申至整个非洲，至所有的被殖民者。而另一个阵营，在同一时刻，看到运动的声势之大，也在判断自身系统的薄弱。被殖民的民众意识到没有人不重视这些地方性的事件。他们不再把视野局限在自己的地区，懂得自己身处全球性的震荡之中。

每隔三个月，人们都了解到第六或第七舰队在向某个海岸有所靠近，人们知道赫鲁晓夫威胁要发射火箭来救出卡斯特罗，知道肯尼迪打算在老挝采取极端措施，这种时候，被殖民者或是刚独立者都感觉到，无论自己愿意不愿意，他都被带入一种失控的进程之中。实际上，他已经在前进了，比如说那些新近独立国家的政府。当权者三分之二的时间都用来密切注视周围情况，来防范可能的威胁，只有三分之一的时间用在关注自己国家的问题。同时他们在寻找外援。本国的反对党也同处于这种辩证关系之中,完全无视议会道路。后者在寻找盟友来支持他们抢夺政权。殖民地时期蔓延的暴力气氛,在民族独立后依旧持续不变。正如我们所说的,第三世界并不是隔离在外的。恰恰相反,第三世界在世界震荡的中心。这就是为什么欠发达国家的首脑在发表讲话的时候,总还是以一种带有攻击性的愤怒口气,可是正常来讲这种情绪应该已经消失了。我们也能理解为什么那些新首脑也总是显得很无礼。但是我们一般看不到的,是这些首脑在跟自己的兄弟和同志交流的时候却极为礼貌。无礼的态度首先是冲着别人的,冲着那些来观看和调查的过去的殖民主义者。前被殖民者总是感觉那些调查的结论是早就做出的结论。记者到场只不过是走过场。文章的图片用来证明他们是了解情况的,是去过现场的。他们的调查目的是检验明显的事实,也就是说自从我们撤出以后,那边情况很糟糕。记者常常抱怨受到冷遇,工作条件不好,面对的是冷漠和敌意。这些都很正常。独立国家的首脑都清楚国际舆论完全取决于西方报刊。然而,当西方记者来采访的时候,却很少会对我们有用。比如在阿尔及利亚战争中,法国最自由派的记者总是使用最模糊不清的词汇来形容我们的斗争。如果我们向他们提出来,他们都会诚恳地说他们很客观。对于被殖民者来说,客观就意味着反对他。我们也理解在1960年9月的联合国大会上,为什么出现了一种新的国际外交口吻。殖民地国家的代表表现得傲慢无礼且凶狠,但殖民国家的民众并不觉得有什么不对。非洲国家发言人的极端言论捅破了脓包,让人们清楚地看到了那些否决权、大国外交的真面目,以及第三世界的角色是如何的微不足道。

新独立国家的外交风格不再是细腻的,不再是含蓄的,不再是暗箱操作的。因为那些人民选派的发言人的任务不仅是维护国家的统一,同时也要捍卫进步,提高人民生活水平,保证人民拥有自由和吃饱饭的权利。

因此,他们的外交是一种运动的、愤怒的外交,与殖民时期的静止、僵死形成鲜明对比。当赫鲁晓夫先生在联合国挥动他的鞋子、敲桌子的时候,没有一个被殖民者、一个欠发达国家的代表发笑。因为赫鲁晓夫先生给那些注视他的被殖民国家展示的是,他这个俄罗斯贫农,现在拥有了火箭,对待那帮混账资本家的这种方式就是那些人应得的方式。同样，卡斯特罗穿着军装去联合国参会，也不会引起欠发达国家的非议。卡斯特罗展示的，是他对暴力体制持续存在的深刻认识。令人吃惊的是，他为什么没有带着枪进入联合国；也许人家不会同意？那些农民骚乱、绝望行为、用菜刀和斧子武装起来的队伍，其实就在资本主义与社会主义你死我活的斗争中找到了自身的民族属性。

1945年，在塞提夫死掉的四万五千人没有产生回响；1947年马达加斯加九万人死亡也只是在报纸上的一条小消息；1952年，在肯尼亚被镇压的二十万受害者也基本没有引起注意。这是因为国际矛盾还没有足够深化。而朝鲜战争和印度支那战争开启了一个新阶段。但主要是布达佩斯和苏伊士运河事件成为这种对峙的关键时刻。

被殖民者受到社会主义国家的无条件支持，于是拿起武器去反对殖民主义的坚固堡垒。也许堡垒是拳头和小刀无法摧毁的，但是在冷战环境下就不是坚不可摧的了。

在这种新环境下，美国人非常在意他们的国际资本主义领军角色。在第一阶段，他们让欧洲国家搞友好的非殖民化。在第二阶段，他们宣告要遵守"非洲是非洲人的非洲"的原则，并支持这一原则。今天的美国毫不犹豫地正式宣告，他们是民族自决权的捍卫者。门嫩-威廉姆斯（Mennen-Williams）近期的出访就显示，美国人已经意识到第三世界不应该作为牺牲品。我们这时可以理解，被殖民者的暴力其实不是绝望的暴力，因为不能拿它跟压迫者的军事机器抽象地比较。如果我们把它看作国际运动的一部分，就会发现这对压迫者形成了某种巨大的威胁。各种农民骚乱持续不断，茅茅起义等，都干扰了殖民地的经济生活，但对宗主国本土没有影响。帝国主义最在意的，是怕社会主义宣传进入殖民地的民众之中，传染他们。冷战期间这就是很严重的危险；万一热战爆发，而殖民地已被敢死游击队腐蚀，那该怎么办呢？

资本主义这时意识到，它的军事战略在民族战争中不会胜利，因而在和平共处形势下，资本主义会号召所有的殖民地一个个消失，到最后，还要遵守中立。他们必须避免失去战略安全，民众接受敌人的意识形态，引起几千万人的极端仇恨。被殖民的民众完全清楚目前主导国际政治的这几项紧急条件。因此，连那些一向反对暴力的人也总是根据全球的暴力形势来做决定和采取行动。如今，两大阵营的和平共处使得殖民地国家的暴力得以持续，或者引起新的暴力。明天，我们也许会看到，在被殖民地区全部解放之后，暴力的地盘会转移。也许我们会看到，少数派的问题会成为重心。他们中的一部分已经在用暴力手段来解决自己的问题，如果人家告诉我们，美国的黑人极端派在组织民兵进行武装斗争，这当然并非巧合。资本主义和帝国主义深信，反对种族主义的斗争和民族解放运动都是"外部"指导的动乱。他们就决定要利用一种有效的办法：自由欧洲电台，支援被压制的少数民族团体，等等。他们搞反殖民主义，就像驻阿尔及利亚的法国上校搞 S. A. S.[1] 或者心理咨询处来对付阿尔及利亚反叛战争那样。他们是"用人民来反人民"，大家都知道结果如何。

这种暴力的气氛、威胁的气氛，这些蠢蠢欲动

---

1. S. A. S. 全称 Section Administrative Spéciale（特别行政署），即法国殖民政府为了加强与当地人的非军事联系，专门设置的军官办事处，目的是防止阿尔及利亚民族解放阵线（FLN）在民众中扩大影响。——原注

的火箭，都吓不倒被殖民者，也不会让他们失去方向。我们看到，他们近期的历史就在"教"他们如何理解目前的形势。在殖民暴力与目前世界上的和平暴力之间，似乎有某种默契、某种和谐。被殖民者适应了这种气氛。这一次，他们跟上了时代。人们常常很惊讶，看到被殖民者甚至不去给自己的妻子买一条裙子，却买了一个半导体。其实没什么可惊讶的。被殖民者深知现在就是决定他们命运的时刻。他们处在一种世界末日的气氛中，认为他们不能错过任何事情。因此，他们很理解老挝的富马和富米（Phouma and Phoumi）、刚果的卢蒙巴和冲伯（Lumumba and Tschombé）、喀麦隆的阿希乔和穆米埃（Ahidjo and Moumié）、肯尼亚的肯雅塔（Kenyatta），以及时不时被甩到台前来取代他的其他人。他们非常理解所有这些人，因为这些人让他们看到了每个人背后的力量。被殖民者，欠发达的人，就是今天的政治动物，最通用意义上的政治动物。

国家独立的确给被殖民者带来了道义上的补偿，使他们得到了神圣的尊严。可是，他们还没有来得及建立一个社会，没有建构并认可某些价值，还没有形成一个铸造公民和人的高炉，让他们在越来越广泛的领域中发展和丰富自己。他们被放在一种不确定的形势之中，轻易就相信一切都会在别处决定，为所有人，在同一时间决定。至于那些领袖，面对如此情形，就犹豫不决，选择中立。

有关中立主义问题我们有很多话可以说。有人认为这是某种令人厌恶的商人做法，既要拿右边的也要拿左边的。然而，中立主义作为冷战的产物，即便能够让欠发达国家得到两边的经济援助，却不可能让这两边的国家到欠发达地区进行实实在在的援助。他们投在军事科研方面的巨额资金，那些变成战争技工的工程师，本可以在十五年内把欠发达国家的生活水平提高60%，所以，我们看得出，冷战持续或者升级不会给欠发达国家带来任何好处。可是没有人在意他们的想法。那么，在可能的情况下，他们不参与。但是他们真的可能不参与吗？比如说，法国在非洲进行核弹实验。尽管非洲国家发表了动议，组织了集会，甚至宣布断交，可是谁也没法说在这个问题上，非洲人民的意见对法国的行为产生了什么影响。

中立主义使第三世界的公民具有了一种精神气质，在日常生活中表现为某种勇气和自豪感，有点儿挑战者的感觉。他们拒绝妥协、不留情面的表现，就像是青春期的少年，很骄傲、很纯真，为一句话就会去献身。这一切使西方的观察家们不知所措。因为说实在的，从这些人摆出的气派，和他们身后拥有的东西来看，简直是天壤之别。没有电车、没有军队、没有钱的国家不可能撑得起他们摆出来的架势。这里一定有诈。第三世界常常给人感觉是在灾难中过节，好像每周都必有危机发生。这些家徒四壁的国家的领导人说话嗓门很大，使人反感。人们很想让他们闭嘴。但是，人们都在讨好他们。给他们献花。邀请他们。甚至可以说，争抢他们。这，就是中立主义。尽管国民的98%都是文盲，但很多文学作品都是写他们的。他们到处旅行。欠发达国家的领导人、欠发达国家的大学生，都是航空公司的座上客。非洲和亚洲国家的负责人，在同一个月内，可以去莫斯科学习社会主义计划经济，然后去伦敦或哥伦比亚大学听传播自由经济的课程。非洲的工会组织领导，也在迅速提升。他们一旦得到管理机构的岗位，就很快要组建自治小组。他们并没有工业化国家工会运动的五十年经验，但已经知道非政治的工会思想是没有意义的。他们没有使用过资产阶级的机器，没有在阶级斗争中形成工会意识，但也许这不是必需的。也许。我们会发现，这种全面化的愿望，可以简化为全面主义的，就是欠发达国家的最基本特征之一。

不过，让我们回到被殖民者与殖民者之间这种独特的战斗问题上。我们知道，这是一场面对面的武装斗争。历史案例有好几个：印度支那、印度尼西亚，当然还有，北非。但我们不该忽略的是，这场斗争可能会在任何地方爆发，几内亚、索马里，或者在今天殖民主义依然持续的各个地方，比如安哥拉。武装斗争的出现，意味着民众懂得必须采取暴力手段才能有出路。殖民者早就不停地对他们说，说他们只懂人家的武力语言，现在他们自己要动武了。其实，一直以来，殖民者已经让他们明白应该走的路是什么，如果他们想得到自由的话。被殖民者选用的理由就是殖民者告诉他的，事情很讽刺地颠倒过来了，被殖民者现在很肯定地说，殖民主义者只懂武力。殖民体制靠武力来维持其合法性，从来没有试图掩盖过这一点。无论哪座雕像，费德尔布（Faidherbe）、利奥泰（Lyautey）、比若（Bugeaud），或是布朗丹中士（sergent Blandan），这些征服者的雕像耸立在殖民地的土地上，无不在做出同一宣告："我们凭借锋利的刺刀来到这里……"下面可以任意补充。在被殖民者开始起义的阶段，每个殖民者都有同样的小算盘。他们的心思所有的殖民者都知道，但是我们需要强调的是，他们的心思，被殖民者也都知道。首先是他们坚持的这个"有他没我"的原则本身没有什么矛盾，因为我们已经了解，殖民主义就是这个二元对立的世界、分隔的世界。如果殖民者让那些压迫者的代表每一个干掉三十个或者二百个或者三百个土著人的时候，他就发现没有人表示愤怒，甚至有人会问，是必须一下子干掉还是可以分几次进行？

他们的逻辑是，要精准地预计被殖民的民众被消灭的时间，而这并不会给被殖民者带来道义上的愤怒。被殖民者一直知道，他与殖民者的相遇会是在一个封闭的空间里进行。所以，被殖民者从不会浪费时间去哭泣，他甚至从来不去要求殖民者还给他公道。实际上，无论殖民者说什么，被殖民者都不会动摇，这是因为后者基本上是在使用同样的方式来设想他们的解放问题："我们组织成两百或五百人的队伍，每个队伍对付一个殖民者。"就在这样对等的精神状态下，每个剧中人都开始了他的战斗。

对于被殖民者，这种暴力就是绝对的实践方法。因此，积极分子就是行动者。组织给积极分子提出的问题就完全能体现出这个标志："你在哪儿行动过？跟谁？做了什么？"组织要求每个人都实践一次不可挽回的行动。比如在阿尔及利亚，所有号召民众进行民族反抗的人基本上都被判了死刑，或者被法国警方通缉，组织对每个人的信任都取决于他的行动性质。一个来参加解放运动的新人必须保证自己绝不会再进入殖民系统。这种选拔，据说在肯尼亚的茅茅起义时期就存在，当时曾经要求参加起义的每个成员都去殴打抓到的敌人。这样每个人都对造成某人的死亡负有责任。行动，就是为殖民者的死亡而行动。这种有组织的暴力行动也使得那些原本离开组织和被排除在外的人又回到集体中来，重新加入组织。因此暴力就能理解为最佳中介。被殖民者在暴力中解放自己，也通过暴力解放自己。这一实践照亮了实践者，给他指出了手段和目的。从暴力角度来看，塞泽尔的诗歌就具有一种先知的含义。我们可以摘取他的悲剧作品的这样一段。反叛者（多巧！）说：

反叛者（狠狠地）

我的姓——被侵犯的；我的名——被侮辱的；我的状态——反抗的；我的年龄——石器时代的。

母亲

我的人种——人类。我的宗教——博爱……

反叛者

我的人种：摔倒的人种。我的宗教……这可不是由您来给我讲解的，让我不能动武……而是我自己，以我的反抗，以我握紧的拳头和我的满头乱发。

（很平静地）我记得11月的一天；他还不到六个月，我们的小棚子被烟熏得油黑发亮，像褐色的月亮，主人进来了，拍拍他结实的小胳膊小腿，主人是个非常好的人，用大手轻柔地抚摸他胖乎乎的小脸蛋儿。他蓝色的眼睛满是笑意，嘴里说出一串甜甜的词："这孩子肯定错不了。"他看着我说，他还说了其他好听的话，主人说，他说应该早做准备，说二十年才能培养出一个好基督徒，一个好奴隶，又听话又忠诚，当一个好监工，有眼色有力气。这个人就这么看着我儿子的摇篮，好像看出了监工的摇篮。

我们手里握紧了菜刀……

母亲

可是你会死的。

反叛者

杀掉了……我亲手把他杀掉了……是的，丰饶的肥沃的死亡……是深夜。我们在甘蔗田里匍匐前进。菜刀对着满天星斗在笑，可是我们不在乎那些星星。甘蔗叶子像绿色的刀片，刮着我们的脸庞。

母亲

我曾经梦想我的儿子可以把母亲的眼睛合上。

反叛者

我选择把我儿子的眼睛打开，让他看到另

一个太阳。

母亲

哦,我的儿……你会死得很惨,很罪孽——

反叛者

母亲,是死得有朝气,有气魄。

母亲

因为太多的恨。

反叛者

因为太多的爱。

母亲

替我想想吧,你的行为让我窒息。你的伤口让我流血。

反叛者

可世界不会替我想……世上每个可怜人被迫害,每个可怜人被折磨的时候,都是我在被杀害，我在被侮辱。

母亲

我的上帝啊，给他解脱吧。

反叛者

我的心你不可能把我从回忆中解脱出来……那是11月的一个夜晚……

猛地，四处的呼喊声照亮了沉寂的夜；

我们跳起来，我们，这些奴隶；我们，这些渣滓；我们，这些注定要忍耐的牲畜。

我们像疯子一样奔跑；枪声响起……我们厮打。汗水和血水给我们带来一丝清凉。我们在叫喊声中厮打，叫喊声越来越尖厉，东边传来更大的呼喊声，是仓库着火了，火光映照着我们的脸。

这时我们冲向主人的房子。我们掀开窗子。我们破门而入。

主人的卧室大开着。主人的卧室灯很亮，主人在那儿很平静……我们的人停下脚步……他是主人……我进去了。"是你啊，"他说，很平静。

是我。就是我，我对他说，那个好奴隶，忠实的奴隶，最奴隶的奴隶，猛地，他的双眼就好像雨天的蟑螂……我打他，血流出来：那是我记忆中唯一的一次洗礼。

我们明白，在这样的气氛中，日常生活是不可能的。人没法儿像以前一样做他的农民，做他的拉皮条生意，或是当他的酒鬼。殖民体制的暴力与被殖民者的反暴力此消彼长，此起彼伏，竟达到某种不同寻常的均衡对等。尤其是城市人口较多的地区，这种暴力情况便更为严重。被殖民民众内部的暴力发展与殖民体制实施暴力的规模是成比例的。在起义阶段的第一时间，宗主国的政府机构就成了殖民者的奴才。殖民者一边威胁被殖民者，一边威胁他们本土的政府。他们用同样的手段对付两者。埃维昂（Evian）的市长遇刺事件从行凶手段到动机来看，与阿里·布门杰尔（Ali Boumendjel）被杀的情节类似。对于那些殖民者，他们不是想在阿尔及利亚人的阿尔及利亚或是法国的阿尔及利亚两者之间选择，而是要在独立的阿尔及利亚或是作为殖民地的阿尔及利亚之间做选择。其余的都是文学故事，或者背叛。殖民者的逻辑是不可动摇的，如果我们事先把殖民者的思路搞清楚，就不会想不到被殖民者已经搞出来一套对付这种逻辑的办法。被殖民者一旦决定选择反向暴力，警方的制裁就会升级，会要求国家军事力量支援。结果就拉开了差距，因为从飞机上射击或是从军舰上打炮，从恐怖效果和杀伤力方面都远超被殖民者的回应。这种不断升级的恐怖行动使被殖民者中最异化的一部分也彻底醒悟了。他们终于发现在现实中，即便把关于人人平等的无数言论都撂起来，也掩盖不住这个事实，也就是说，在萨卡莫迪（Sakamody）山口被杀或受伤的七个法国人就使得文明社会全民激愤，而引起这一事件的，发生在盖尔古尔村（Guergour）、杰拉赫村（Djerah）的屠杀村民惨案却一文不值，没有引起任何反应。恐怖行动，反恐怖行动，暴力，反暴力……观察者们不无苦涩地描述阿尔及利亚土地上这种仇恨的循环，根深蒂固，无法消除。

在所有武装斗争的过程中，都有"不归点"，意味着从那以后便没有退路。引到这个点的基本上总是一次大镇压，牵扯到被殖民大众的每一部分人。在阿尔及利亚发展到这一"不归点"的起因有两个，一个是1955年菲利普城（Philippeville）一万两千个百姓被杀，另一个是1956年新任总督拉科斯特（Lacoste）组建城乡民兵。这时，所有人都明白了，连殖民者也明白了，"一切都不可能回到从前了"。但是，被殖民民众不去计算。他把自己队伍中的惨重损失看作是不可避免的痛苦。因为他一旦决定要以暴力来回应，他就准备承担一切后果。只是，他要求别人也不要让他给别人计算。人家说"所有的土著人都一样"，被殖民者说"所有的殖民者都一样"。如果他遭受酷刑，如果人家杀死他的妻子，或者强奸他的妻子，他不会抱怨。压迫者的政府可以每天派出一个调查组。但在被殖民者眼中，这些调查组并不存在。其实，罪行已经持续七年了，但没有一个法国人因为杀死阿尔及利亚人被法国法庭审判过。在印度支那，在马达加斯加，在各个殖民地，被殖民者都知道，他永远不可能期待对方会做什么。殖民者的任务是让被殖民者连梦想自由都不可能。被殖民者的任务是设想一切可能的手段米消灭殖民者。从思想的角度，殖民者的二元对立思维造就了被殖民者的二元对立思维。针对"土著人是绝对的恶"理论，那就是"殖民者是绝对的恶"的理论。

殖民者的出现一开始就意味着土著社会的死亡、文化的萎缩，以及个人思维的瘫痪。对于被殖民者，生命只可能从殖民者腐烂的尸体中出现。这两种思路就是这样对称的。

可是，对于被殖民民众，这种暴力是他唯一的任务，因此也就有一种积极的教育意义。这种暴力实践是整体性的，因为面对殖民主义的原初暴力，产生了一种巨大的暴力机制，而在这机制中，每个人都是巨大链条上的一个暴力环节。其中的每个群体都互相认可，未来的国家不可分割。武装斗争动员着群众，也就是把他们投入同一个方向，唯一的方向。

对群众的动员，在解放战争的时候，会给每个人的意识中引入共同事业的概念、民族命运的概念、集体历史的概念。到了第二个阶段，就是民族建设的阶段，动员群众就比较容易了，因为这些思想与鲜血和怒火交融在一起，已经深入群众心中。我们可以理解欠发达国家为什么要使用一套独特语汇。在殖民时期，要号召民众反对压迫。民族解放之后，要号召他们与贫困、文盲现象和欠发达现状做斗争。大家说，斗争要继续。民众知道生命是一场无止境的战斗。

被殖民者的暴力，我们前面说了，能把民众团结起来。其实殖民主义从结构上来看，就是搞分裂主义和地区主义的。殖民主义看到部落的存在还不满足，它去加强部落分割，并对不同部落区别对待。殖民体系培植部落首领，重新扶持古老的宗法兄弟会。反殖民暴力应该是全方面的、全国性的。这样，暴力必然要消灭地区主义和部落主义。因此民族主义政党对各个地方首领和恶霸毫不留情。统一民众的首要条件就是消灭地方首领和恶霸。

在个人层面，暴力是可以解毒的。被殖民者可以通过暴力消除自己的自卑情结，消除自己的消极绝望态度。暴力使他变得坚毅，使他自己恢复信心。即便武装斗争非常短暂，即便非殖民化快速实现后便解除了武装，人民群众还是及时懂得了解放运动是所有人的事情，也是每个人的事情，领导者并没有特殊的功劳。暴力使民众达到与领导者一样的高度。因此，他们看到新政府一成立便急匆匆地设立了一套程式等级就很反感。参加过暴力民族解放运动的群众，不承认任何自称"解放者"的人。他们不愿意别人触碰他们的行动成果，不愿意把自己的未来、自己的命运和国家的命运交给某个活上帝。

昨天的他们完全没有责任感，而今天他们要理解一切、决定一切。暴力照亮了他们，他们反抗任何平息行动。蛊惑人心者、机会主义者、变戏法者现在不像以前那么得意了。群众在实践中经历了肉搏战，便了解了战斗的具体含义。愚弄群众的把戏从长远来看不可能奏效了。

关于国际形势中的暴力

我们在前面已经谈到多次，欠发达国家的政党领袖总是呼吁民众去战斗。与殖民主义战斗，与贫困和欠发达战斗，与落后传统战斗。他在号召时使用的词汇是将领的词汇："动员群众""农业前线""扫盲前线""失利""胜利"等。崭新的独立国家在起初几年是在一种战场的气氛中发展的。这是因为欠发达国家的领导人明白他的国家还需要走很长一段艰难的路，这让他不无惊恐。他呼吁民众，对他们说："我们要勒紧裤腰带奋斗。"全国上下陷入某种创业的疯狂，投入无边的奋斗中。他们的计划不只是走出困境，也要靠自己的力量赶超其他国家。人们想，既然欧洲人民能够达到目前的发达程度，那就是他们努力的成果。我们也要向世界证明，我们也能达到这个水平。然而，这种思考欠发达国家发展问题的方式，在我们来看既不正确，也不现实。

欧洲国家的民族统一是在民族资产阶级手中集中了大量财富的情况下实现的。工商业者、士绅、银行家垄断了国内的资产、商业和科学。资产阶级代表着最有活力、最为繁荣的阶级。取得权力使他们投入具有决定权的行动中：工业化、建设交通，接着是寻找"海外"资源。

在欧洲，除了个别特殊情况（比如英国走得比较快）外，当各国实现民族统一的时候，经济情况都基本相同。没有一个国家会凭借自己的发展优势和水平，去"责骂"其他国家。

而今天，欠发达地区的民族独立和国家建设却具有完全不同的特征。在这些地区，除去几个特别的著名工程之外，各国都没有基础设施。大众都在同样的穷困中挣扎，以同样的动作，以同样缩小的胃勾画出世界饥饿地图。欠发达的世界，灾难的世界，非人的世界。同时也是没有医生的世界，没有工程师、没有管理者的世界。面对这样的世界，欧洲国家在显摆自己的富足。欧洲的富足是令人生厌的，因为这是在掠夺和奴役的基础上得来的，是奴隶的血汗滋养起来的，是这个欠发达世界的土壤和地下资源培育起来的。欧洲的福利和进步，建立在黑人、阿拉伯人、印度人和黄种人的汗水和尸体之上。这一点，我们决定永远不忘。当某个殖民主义国家，不愿意倾听某个殖民地的独立呼声，对民族主义政党领袖说，"你们要是想要独立，你们就独立吧，回到中世纪去吧"，独立国家的民众会点点头，要迎接挑战。然后，殖民主义者果然撤出资本，撤出技术人员，并且给这个年轻的国家施加经济压力。独立的狂欢变成了独立的诅咒。殖民国家以他们的巨大胁迫力使新建国家陷入落后的困境。实际上，殖民强国在说，"既然你们要独立，那就独立，然后去死吧"。民族主义领袖没有别的办法，只能转向人民，请大家共渡难关。向这些饥饿的人要求经济紧缩，向这些瘦弱的臂膀要求超强度的工作。各国都力求自给自足，利用自身的简陋条件，尽力解决全民的饥饿问题、全民的贫困问题。到处都在动员民众，面对高高在上的欧洲，人民要拼命，要竭尽全力。

有些第三世界国家不愿经受这样的考验，就接受原宗主国提出的条件。他们利用自身的战略立场，利用两大阵营对峙的形势，签署协定，参与其中。原来的被殖民国家因此变成经济上有依赖性的国家。原来的殖民大国继续维持着过去殖民体系的商业渠道，甚至加强了这些渠道，通过小规模的资助对新独立国家的预算进行补给。我们可以看到，殖民地国家的独立进程给世界带来了一个重大问题，那就是，被殖民国家的民族解放显示出他们的真实情况，令人难以接受的真实情况。这时，原本是殖民主义与反殖民主义之间的斗争，甚至是社会主义与资本主义之间的斗争，就显得不是很重要了。今天最紧急的是，阻挡在所有人面前的问题，即分配财富的必要性。人类必须回答这个问题，不然就会垮掉。

人们原来都以为，世界必须要在资本主义制度和社会主义制度之间进行选择了，尤其是第三世界国家。但是，欠发达国家在利用两大阵营的残酷斗争促进自己的民族解放运动之后，必须拒绝进入这个斗争之中。第三世界不应该满足于以之前的价值观标准定义自己。他们应该做的是，彰显自己特有的价值、特有的方法、特有的风格。我们目前的具体问题，不是不惜代价地在社会主义制度和资本主义制度之间做选择，因为这两种制度都是由不同大陆、不同时代的人定义的。我们知道,的确,资本主义制度作为生活方式,是不可能让我们完成我们的民族使命和全人类使命的。资本主义剥削、托拉斯与寡头垄断,都是欠发达国家的敌人。而社会主义制度,这种面向全体民众的,建立在以人是世界最珍贵财富为原则的基础上,可以让我们前进得更快、更和谐,从而终止这种荒唐的社会、少数几个人无视国民大众而掌握所有经济与政治大权的这种社会。

可是,要想让这种制度运行起来,让我们每时每刻都能遵守那些使人信服的原则,只有人力的投入是不够的。有些欠发达国家正在做出异常艰巨的努力。男人和女人、青年与老年,满怀热情,投入到某种强制劳动中,宣布自己是民族的奴隶。提倡自我奉献,鄙视一切非集体的想法,一种民族道德感安抚着每个人,让他对世界的未来充满了信心,也让最犹豫不决的旁观者放下了顾虑。但是我们认为这种情况是不可能持续下去的。这些年轻的国家在前殖民宗主国无条件撤出后,决定迎接挑战。新的班子接手了国家,但一切都要重新考虑,重新开始。因为原来的殖民体制实际上只对某些财富、某些资源感兴趣,确切地说,也就是只对他们本国工业有用的东西感兴趣。迄今为止,还没有任何关于各国土地管理及地下资源的严肃统计资料。因此,刚刚独立的国家不得不继续维持殖民体制建起来的经济体系。当然,他们可以向其他国家出口,向其他货币区域出口,可是他们的基本出口没有真正改变。殖民体制已经固定了经济轨道,人们只能维持下去,以防灾难发生。也许应该重新开始一切,不只是改变出口地,还要改变出口性质,重新规划国土,勘测地下资源,规划河流,甚至日照。然而,要想做到这些,只有人力是不够的,需要资本、技术人员、工程师、机械师,等等。坦率地说,欠发达国家的领导人请人民做出的巨大奉献是不会达到预期效果的。如果工作条件得不到改变,也许还需要好几个世纪,才能把那个被帝国主义变成动物性的世界还原为人的世界。

可是,我们不应该接受这样的条件。我们应该坚决拒绝西方国家强加给我们的这种条件。殖民主义与帝国主义从我们的土地上撤出他们的国旗和军警的时候,并没有把欠我们的债还清。几个世纪以来,资本主义者在欠发达国家的行为就是战犯行为。关押迁移、大屠杀、强制劳动、奴隶制,都是资本主义用来增加他们的黄金、钻石储量,增加财富和确立强势地位的手段。不久以前，纳粹主义把整个欧洲变成了殖民地。后来各个欧洲国家政府都要求得到赔偿，要求归还或补偿从他们国家掠取的财富：一些艺术品、绘画、雕塑、彩绘玻璃等已经归还原主。1945年战后，欧洲人张嘴就是："德国人得还债。"艾希曼审判开始的时候，德国总理阿登纳以德国人民的名义，再次向犹太民族道歉。阿登纳先生再次表示，德国将继续向以色列支付巨额赔款，来补偿纳粹罪行。

同样，我们认为帝国主义国家如果只是满足于把军队、行政财务管理机关从原殖民地撤出，因为这些机构原本的职能就是发现资源、开采资源，然后向本土输送资源，那么他们就犯了一个大错，这是非常不公平的。民族独立带来的道义方面的自豪感无法蒙住我们的双眼，也无法让我们吃饱。殖民主义国家的财富也是我们的财富。从普遍意义上来看，这句话的意思全然不是说，我们认为西方的技术发明或者西方的艺术与我们有关。具体来说，欧洲毫无节制地把殖民地的黄金和原材料，从拉丁美洲、中国和非洲的各个角落，装进了自己的口袋。从这些大陆，几个世纪以来，钻石和石油、丝绸和棉花、木料和异国产品源源不断地供应着欧洲，使得欧洲成为今天这个硕大无比的巨人。是欧洲创造了第三世界。裹在欧洲身上的财富是从欠发达国家那里掠夺的。荷兰的港口，利物浦，以贩奴为主的波尔多和利物浦的码头，都因为运输了几百万奴隶而扬名世界。当我们听到某个欧洲国家首脑拍着胸脯说一定要援助可怜的欠发达国家，我们不会感动得发抖。恰恰相反，我们说"这是应该还给我们的债"。因此，我们不接受把这种对欠发达国家的援助当作什么"慈善项目"。这类援助应该代表两方面达成了共识，一方面是被殖民者明白这是"他们应得的"，另一方面是资本主义大国懂得他们"确实必须还债"。如果资本主义国家因为不明智（我们不谈没良心的情况）拒绝还债，那么他们自身制度的辩证规律将使他们窒息。目前来看，新建国家很少得到私人资本。财团为什么不投资，这个现象有多种原因。资本家一旦知道他们的国家要非殖民化，他们当然是最先知道的，就立即把全部资金从殖民地撤出。非殖民化过程中资本大幅度流失是一直持续的现象。

私人企业，在独立国家投资之前，常常提出一些叫人难以接受或难以实现的条件。他们到"海外"经营的原则就是尽快盈利，对长期的投资总是非常犹豫。他们不信任，常常公开表示不同意新成立政府的规划项目。有时他们会愿意把钱借给新建国家，但条件是这些钱需要用在购买加工产品、购买机器方面，也就是说让他们本土工业的厂房运转起来。

实际上，西方的财团之所以不信任，就是担心有风险。他们总是要求政局稳定，要求社会关系和谐，而这在独立运动刚刚完成时期的全球局势来看是没有可能的。因此，由于原殖民地国家无法保证这些条件，他们就要求继续保留一些军队，或者让新建国家参与到他们的经济组织或军事合约之中。私营企业向他们的政府施加压力，要求至少设置军事基地专门保护他们的利益。如果不可能的话，这些企业会要求他们的政府来为他们在某个欠发达地区的投资担保。

然而，很少有国家能够满足这些托拉斯和垄断财团的条件。因此，这些资金由于渠道不安全而被困在欧洲，不能周转。而且，资本家也不愿意在他们本国投资。在这种情况下，盈利很低，政府的税务管制也使最大胆的资本家绝望。

从长期来看，局势非常糟糕。资本不再周转，或者说流通领域大幅缩小。瑞士银行拒绝资本，欧洲在管制。尽管军事开支占用了大量资金，国际资本主义还是奄奄一息。

但是还有另一个危险。如果由于西方国家的自私和不道德，第三世界被抛弃在一边，经济倒退，或者说经济停滞，欠发达国家会向集体自力更生的方向发展。西方工业就会很快失去海外市场，机器就会堆积在仓库里。而且，欧洲市场会出现各财团与托拉斯之间的殊死搏斗。工厂倒闭、裁员、失业，会迫使西方无产阶级开始一场新的反资本主义斗争。垄断财团会发现，他们的利益是帮助欠发达国家，而且是大幅度地帮助、无条件地帮助。因此我们说，新建国家不应该嘲笑资本主义国家。我们因正当权利而有力，因立场正确而理直气壮。我们应该跟资本主义国家说，告诉他们，当今世界的根本问题不是社会主义制度与他们的对立。应该立即停止这场毫无意义的冷战，停止世界核化，而应该大量地去欠发达国家投资，从技术上援助他们。世界的未来就取决于这个问题的答案。

资本主义制度不应该让社会主义制度关心"欧

洲的命运"，而不顾其他地方饥饿的有色人种。加加林上校的功劳，也许戴高乐将军不爱听，并不是给"欧洲争了光"。一段时间以来，资本主义国家首脑、文化界名人，对苏联有一种模棱两可的态度。他们本来是集中全力要消灭社会主义制度的，现在也明白还是要与苏联共处。于是，他们开始表现得很和气，他们开始尽量取悦苏联，并且经常向苏联人民提示"他们属于欧洲"。

他们把第三世界当作即将卷走整个欧洲的浪潮，但这不会分裂进步势力，不会阻挡进步势力把全人类引向幸福。第三世界不会组织饥饿十字军去攻打欧洲。第三世界期待的是，那些几个世纪以来奴役它的人帮助它重新立人，让世界每个角落的人，永远地站起来。

可是，我们当然不会天真到以为欧洲国家的政府会全心合作。这个艰巨的任务就是把人重新带到世界中，成为完整的人，这需要欧洲民众的广泛支持，他们同时必须承认，在殖民地问题上，他们常常采取的立场是我们共同的主人的立场。正因如此，欧洲民众必须决定觉醒，进行思想革命，停止玩他们那种不负责任的睡美人游戏。

✈ 结 论

来吧,同志们,现在就改变行动方式吧。我们在长夜中已经徘徊得太久,应该撼动它,走出来了。黎明已经到来,我们应该下定决心,坚定信念,做好准备。

我们必须从睡梦中醒来,抛掉那些前世的信仰和旧交。不要再浪费时间去念经,不要去装神弄鬼了。离开那个欧洲吧,那个空谈人道的欧洲,他们在有人的地方,在他们自己的街道上,在世界各地,天天都在杀人。

几个世纪以来,欧洲遏止了其他民族的进步,征服和奴役了其他民族;几个世纪以来,欧洲举着精神探索的大旗,却阻止了大多数人的呼吸。看今天，欧洲正处在物质分解和精神分解的摇摆之中。

然而，在欧洲境内，我们可以说他们所做的一切都很成功。

欧洲主宰了世界，狂热地、冷酷地、凶暴地主宰了世界。请看世界各地到处是他们的纪念碑。欧洲的每一次运动都撼动了空间和思想的边界。欧洲拒绝任何卑微和谦逊，也拒绝一切关怀与柔情。

欧洲只对人类如此吝啬，只对人类如此刻薄，如此贪婪。

那么，兄弟们，我们难道还要跟随这样的欧洲吗？

这个欧洲总是不停地空谈人道，却从来不说关心人类，我们今天已经知道，人类为此付出了怎样的代价。

来吧，同志们，欧洲人的游戏已经结束，我们需要找到别的东西。今天的我们有无数选择，但绝不能模仿欧洲，绝不能一门心思去赶超欧洲。

欧洲的速度已经变得疯狂无序，已经无法控制，任何驾驶员，任何理性都无法驾驭了；欧洲正冲向可怕的深渊，我们必须马上远离。

但是我们的确需要一个榜样，需要图纸，需要范例。我们多数都觉得，欧洲样板是最好的。但我们已经看到，模仿他们带来了不良的后果。欧洲的成果、欧洲的技术、欧洲的风格，我们都不能再羡慕了，也不应该再尝试了。

当我在欧洲技术和欧洲风格中寻找人道时，我看到的是一连串对人的否认，一大片对人的谋杀。

人类处境，人的规划，人与人之间的合作，如何加强人的能力，这都是新问题，我们必须去寻找新的答案。

让我们下决心不去模仿欧洲，让我们的体力和思想都去寻找新的方向。让我们发明全新的人、欧洲无法出现的人。

两个世纪前，欧洲的一个老殖民地决定赶超欧洲。他们成功了，变成现在的美利坚合众国，一个怪兽，过去欧洲的缺陷、疾病和非人道在那里达到登峰造极的地步。

同志们，我们难道还要去搞出第三个欧洲来吗？西方曾经试图成为精神探险之地。于是，以精神之名，即以欧洲精神之名，欧洲为他们的罪行辩护，说奴隶制是合理的，并奴役了五分之四的人类。

没错，欧洲精神有着奇特的根基。欧洲思考的地点越来越荒僻，越来越逼仄。这样他们碰到的人也越来越少。

他们与自我不停地对话，产生越来越不健康的自恋，已经形成了一种癔症，大脑活动难以进行，他们不再研究人类生活、工作、生产的现实世界，而是在堆积词语，在玩弄词语。不过，有一些欧洲人开始号召欧洲的劳动者去打破这种自恋状态，走出这种荒谬境地。

总体来看，欧洲劳动者没有响应号召。因为劳动者们自以为，他们也是光荣的欧洲精神的传承者。

解决人类重大问题的想法，在不同时代都在欧洲出现过。然而，欧洲人的行动没有完成他们的使命，也就是要用暴力去改变现状，改变他们的存在，把人的问题提升到一个新高度。

今天，我们看到欧洲停滞了。同志们，我们要离得远远的，那里的辩证法已经慢慢变成了平衡游戏。我们要重新提出人的问题，重新提出大脑的问题和全人类脑神经的问题，要加强各种沟通、各种连接，重新使信息人格化。

来吧兄弟们，我们的任务还很多，没时间来操心那些过时的游戏。欧洲已经做了他们该做的事，总的来说做得很好；我们不用去控诉了，但要告诉他们，不要再搞出这么大的声响了。我们没什么可怕的，也用不着再去羡慕他们。

第三世界今天与欧洲面对面，我们的体积相当大，我们的计划应该是解决欧洲人没能解决的问题。

可是，千万不要去谈成果，不要去谈强化，不要去谈速度。我这里的意思不是要回到自然。这里的问题是，不要将人们引到各个不同的方向去、撕裂他们，不要强加给他们什么速度目标，使他们不知所措、筋疲力尽。不要以追赶什么的名义，催逼人们，使他们丧失自己、丧失自己的生活，破碎他们，杀死他们。

不要，我们不要追赶任何人。我们要不停地走，日夜兼程，大家一起走，跟所有人一起走。我们不要散开，如果一排人看不到前面的一排，互不相识的人就很难再碰面，就很难在一起说话。

第三世界要开始新的人类历史，要接受欧洲提出的一些伟大观点，但也要记住欧洲犯下的罪行，其中罪大恶极的就是使人类四分五裂、支离破碎，在同一个民族内部划分壁垒，使阶级对立，在全人类范围内挑起种族仇恨，设立奴隶交易，剥削，清洗，屠杀，把十五亿人排除在人类之外。

那么，同志们，不要学习欧洲，不要成立同类的国家、机制，创建同样的社会。

人类期待我们发明新的事物，抛弃这一切可笑的、过时的东西。

如果我们要把非洲变成另一个欧洲，把美洲变成另一个欧洲，那就把我们的命运交给欧洲人算了。他们肯定会比我们之中最聪明的人都搞得更好。

但是，如果我们想把人类提升一级，如果我们想把人类带到一个新的境界、一个与欧洲不同的层面，我们就要去发明、去寻找。

如果我们不想辜负我们人民的期望，就必须去欧洲之外寻找。

而且，如果我们不想辜负欧洲人民的期望，也不能给他们呈现一个他们社会和他们思想的翻版，哪怕是很好的翻版，因为他们也曾多次感到过绝望。

为了欧洲，为了我们自己，为了人类，同志们，我们要改变，发展新思想，要树立新的人类。

图书在版编目(CIP)数据

关于暴力/(法)弗朗兹·法农著;张香筠译.—北京:商务印书馆,2023
(伟大的思想.第二辑)
ISBN 978-7-100-22031-6

Ⅰ.①关… Ⅱ.①弗…②张… Ⅲ.①殖民统治—研究—非洲 Ⅳ.①K4

中国国家版本馆CIP数据核字(2023)第062236号

权利保留,侵权必究。

伟大的思想 第二辑
关 于 暴 力
〔法〕弗朗兹·法农 著
张香筠 译

商 务 印 书 馆 出 版
(北京王府井大街36号 邮政编码100710)
商 务 印 书 馆 发 行
山 东 临 沂 新 华 印 刷 物 流
集 团 有 限 责 任 公 司 印 刷
ISBN 978-7-100-22031-6

2023年9月第1版	开本 787×1092 1/32
2023年9月第1次印刷	印张 47

定价:260.00元(全十册)